엄마만 모르는 선생님이 들려주는
내 아이의 학교생활

현직 초등 교사가 알려주는 우리 아이 속마음 읽는 법 35

엄마만 모르는 선생님이 들려주는 내 아이의 학교생활

초판 1쇄 인쇄 2018년 8월 23일
초판 1쇄 발행 2018년 8월 27일

지은이 정스런

발행인 백유미 조영석
발행처 (주)라온아시아
주소 서울시 서초구 효령로 34길 4, 프린스효령빌딩 5F

등록 2016년 7월 5일 제 2016-000141호
전화 070-7600-8230 **팩스** 070-4754-2473

값 13,800**원**
ISBN 979-11-89089-29-0 (03370)

현직 초등 교사가 알려주는
우리 아이 속마음 읽는 법 35

엄마만 모르는 선생님이 들려주는

내 아이의 학교생활

정스런 지음

RAON
BOOK

프롤로그

아이 속 몰라서 울고 짜증 나는 엄마들에게

저는 대한민국 교사입니다. 10년을 한결같이 아이들을 만나 함께 공부하고 놀았습니다. 그런데 요즘 아침마다 학교에 가기 싫습니다. 아무래도 그 녀석 때문인 것 같습니다. 어제는 점심시간에 밥도 먹지 않고 사라진 그 녀석을 찾는다고 학교를 이리저리 돌아다니느라 저까지 점심을 쫄쫄 굶고 말았습니다.

5교시가 끝날 무렵 아이는 교실 뒷문 근처에서 서성이다 우물쭈물 들어오더니 자리에 앉습니다. 그러고는 알림장을 쓰지 않고 버티며 괜히 짝꿍을 건드립니다. 제가 별다른 반응을 보이지 않자 주위 친구들에게 시비를 걸다 급기야 싸움이 일어납니다. 그 녀석은 아침부터 집에 갈 때까지 잠시라도 신경 쓰지 않으면 어느새 사라져 버립니다. 그리고 혼이라도 낼라치면 바로 돌아서서 마음의 빗장을 꽉 닫아버립니다. 저는 울화통이 터지고, 가끔은 울고 싶은 날도 있습니다. 그 아이와 하루를 보내고 나면 혼이 쏙 빠지는 느낌입니다.

여러분은 어떤가요? 아침내 잔소리를 해가며 겨우 아이들을 등교시키고, 밥 한 숟가락 뜰 새도 없이 출근하지 않았나요? 업무에 치이고 짜증 나는 상사를 상대하다 집으로 돌아오면 빨라도 저녁 7시쯤 되겠죠. 그때부터 아이들이 하나둘 귀가할 거예요. 큰아이는 영어 학원을, 작은아이는 논술 학원을 다녀왔겠죠. 그러면 아이들 얼굴을 제대로 볼 새도 없이 곧장 일정 체크를 할 겁니다. 오늘 약은 챙겨 먹었는지, 학원 테스트는 잘 받았는지, 내일 병원 가는 것은 잊지 않았는지. 들릴 듯 말 듯한 소리로 '네', '네' 하는 아이들의 대답. 내일도 모레도 별반 다르지 않은 하루가 이어지겠죠.

어른들은 나만 힘들다고 볼멘소리를 합니다. 하지만 아이들은 어떨까요? 아침부터 엄마 잔소리를 들으며 등 떠밀리다시피 학교에 옵니다. 숙제를 다 못 해서 마음 졸이고, 억지로 발표했을지도 모릅니다. 잘 지내던 친구와 실랑이하고는 마음이 상했을지도 모르고요. 친구들과 학원 가는 길에 떡볶이랑 슬러시도 먹고 싶었을 것이고, 한 번쯤 학원을 빼먹고 싶은 생각도 들었을 겁니다. 그래도 꾸역꾸역 어제처럼 학교와 학원을 '돌다' 들어오면 저녁 7시입니다. 여덟 살, 열두 살, 기껏해야 열다섯 살도 안 된 우리 아이들 모습입니다.

아이 때는 천국을 맛봐야 한다는데, 기쁨은커녕 재미도 여유도 없는 스케줄에 따라 일주일을 살아갑니다. 직장 나가는 엄마 아빠와 다를 게 없죠. 학교든 학원이든 가기 싫고 쉬고 싶을 겁니다.

결국 이래저래 힘든 교사와 학생들이 교실에서 만나고, 엄마와 아이들이 집에서 복닥거리며 지친 하루를 보냅니다. 저마다 힘에 부치다 보면 조금만 상대가 못마땅하게 굴어도 곧바로 신경이 곤두섭니다. 교사도, 아이도, 엄마도.

식탁에 앉아 아이 머리도 쓰다듬고 발가락도 조물조물 만져주면 얼마나 좋을까요? 물총 놀이와 요리 콘테스트를 하며 웃고 즐기다 아쉬운 마음으로 친구들, 선생님과 헤어진다면 얼마나 좋을까요?

이 책은 곪을 대로 곪아 마음을 닫아버린 아이들의 이야기를 담았습니다. 교실에서 소위 '문제아'로 불리며 '부적응 행동'을 보이는 아이들의 안타까운 속내를 담았습니다. 아이들이 보여주는 냉소, 욕설, 반항, 무기력함, 도벽 등은 부적응도 문제 행동도 아니었습니다. 사실은 제 자신이 너무 힘들고 아프다고 말하며 우리에게 구조 요청을 하는 것이었습니다. 만날 바빠서 제 머리 한 번 다정하게 쓰다듬어 주지 않은 엄마가 밉고 서운하다고 이야기하는 것이었습니다. 공부 잘하는 친구, 뭐든 잘하는 친구에게만 너그러이 웃어주는 선생님이 야속하다고 말하는 것이었습니다.

아이들은 어른들처럼 말로 짜증 내지 않는답니다. 어른들보다 마음이 더 커서일까요. 아이들은 속으로 끙끙 앓다가 한 번씩 툭 터지고 맙니다. 학원 가기 싫다고, 잔소리 그만하라고. 선생님은 엄마보다 더 어려우니 학교에서는 그것도 못하지요. 그러니 애먼 친구들을 괴롭히거나 점심을 굶거나 하루 종일 한마디도 하지 않는답니다. 그런 아이들에게 학원 가라고, 숙제하고 놀라고 말할 수 있을까요?

힘겹게 낳아서 키운 보물 같은 아이들. 아기였을 때는 발가락과 보드라운 볼, 토실토실한 엉덩이만 봐도 절로 미소 짓게 했던 아이들이었습니다. 그런 아이들이 어느 순간 학원 다니느라 손 한번 잡아보기 힘듭니다. 예쁜 눈망울을 바라볼 새도 없죠. 가만히 안고 토닥토닥 하기는커녕 오늘도 날을 세우고 아이들과 신경전을 벌입니다.

이 땅의 지치고 힘든 엄마들과 저 자신을 위해 이 책을 썼습니다. 마음은 그렇지 않은데 겉으로는 어쩔 수 없이 아이에게 짜증을 부리고 마는 엄마들을 위해서 말이에요.

1장에서는 '우리 아이들의 학교생활'에 대해 살펴볼 거예요. 엄마는 아이들이 학교에서 어떻게 지내는지 모릅니다. 아이들이 학교에서 어떤 행동을 하는지를 보면서 속마음을 이해할 수 있는 실마리를 찾아볼 겁니다. 스무 명 남짓한 우리 아이들, 아프지 않은 아이가 없습니다. 아침에 잘 등교한 자신의 아이가 사실은 친구들에게 따돌림을 당하거나 혹은 그 반대로 친구들을 힘들게 합니다. 비단 그 한 녀석뿐만이 아니랍니다.

2장에서는 '엄마와 아이'에 대한 이야기를 다룰 겁니다. 엄마의 높은 기대치와 대리만족에 열심히 맞춰가던 아이들은 마침내 힘들다고 호소합니다. 때로는 무기력증으로, 때로는 독설과 반항으로 표출하지요. 아이를 통제하고 간섭하는 엄마들에게 '과제의 분리'가 얼마나 중요한지 살펴볼 거예요. 아이에게 자율성과 책임감을 심어줄 때 아이와 엄마는 진정으로 행복할 수 있답니다.

3장에서는 현직 교사로서 학교 현장의 심각한 현실을 전해 드리고자 합니다. 학부모총회 때는 '사랑으로 아이들을 지도하겠습니다'라고 웃으며 인사했던 담임선생님이 실상은 얼마나 우리 아이들의 마음을 아프게 하는지, 뼈아픈 고백을 실었습니다. 아이들을 획일적으로 통제하고 관리하는 저의 부끄러운 이야기, 자신의 자녀는 대안학교나 사립초등학교, 유학을 보낼 계획을 세우고 있는 교사들의 이야기도 담았습니다. 교사 한 사람이 바꾸기는 힘든 교육과정과 불합리한 학교 시스템 속에서 날마다 수많은 대회와 과제를 치르며 경쟁하는 아이들, 무사안일주의를 조장하는 데 일조한 사라진 교권과 학부모의 신뢰도에 관한 이야기도 다뤘습니다.

4장에서는 엄마와 교사는 우리 아이들을 '끝없이' 보듬고 받아주고 이해해야 한다는 것에 대해 이야기할 것입니다. 아이들은 한도 끝도 없이 어른의 인내심을 시험하고 자신의 욕구를 표출합니다. 오늘도 저를 미치게 하는 아이들 때문에 한바탕 신세 한탄을 하지는 않았나요? 그래도 우리 아이들입니다. 아이의 진정한 행복과 빛나는 성장을 위해 어른들이 마음을 내려놓고 아이의 눈을 바라보며 그들의 이야기에 귀 기울이는 연습이 필요합니다.

5장에서는 좀 더 근본적인 문제에 대해 생각해 보려고 합니다.

'내 아이가 어떻게 이 세상에, 나에게 왔을까? 어떻게 해야 엄마라는 이름에 걸맞게 살 수 있을까? 아이들이 존재 자체로 빛날 수 있도록 엄마로서 어떤 마음을 지녀야 할까?'

결국 엄마도 아이도 행복하게 살고 싶답니다. 마지막 6장에서는 서로의 행복을 위해 아이와 어떻게 '관계 맺기'를 해야 하는지에 대해 살펴볼 거예요.

이 책을 통해 나중에 행복하려면 아이가 어떻게 해야 한다는 것이 아니라 지금 바로 이 순간 아이들이 행복할 수 있도록 해주는 엄마, '어떻게 하면 영어를 더 잘하게 할까?'가 아니라 '어떻게 하면 우리 아이가 덜 상처받고 행복하게 살 수 있을까?'를 고민하는 엄마가 되기를 바랍니다. 휴대폰 단톡방을 연신 들여다보며 "숙제했니?"라고 묻는 엄마 대신, 아이가 사춘기를 겪을 때나 남자 친구와 헤어졌을 때 기댈 수 있는 엄마가 되기를 바랍니다.

이 땅의 행복한 엄마, 살맛 나는 교사, 개구지고 사랑스러운 우리 아이들을 위해 이 책을 바칩니다.

목차

4장 다 받아줘야 아이는 잘 자란다
: 아이의 본성을 일깨우는 법

5장 한 아이의 엄마가 된다는 것
: 육아하면서 비로소 어른이 되다

6장 지금을 행복하게 살아요
: 아이와 지금 행복하기

1장

우리 아이 학교에서 잘 지내나요?

: 교실 속 '아픈 아이들' 이야기

학교에서 말 한마디 하지 않는 아이

3학년 민정이는 전혀 말을 하지 않는 아이였습니다. 영어 시간에 질문을 해도, 아니 인사를 해도 아무런 대꾸를 하지 않았죠. 그런 민정이를 보고 친구들은 이렇게 말하곤 했죠. “선생님, 쟤는 원래 한마디도 안 해요.”

또 다른 아이 서현이는 뭔가를 물어보면 웃기만 합니다. 대답은 하지 않고 쑥스러운 듯, 불편한 듯 수줍게 웃을 뿐이에요. 제가 시간 여유가 있을 때는 하나하나 물어보면서 시현이를 챙길 수 있습니다. 하지만 수업을 진행하다 보면 서현이에게만 신경을 쓰기는 어렵답니다.

매년 새로운 학급을 맡을 때마다 이런 학생들을 적어도 한 명

이상 만나게 됩니다. 아침에 등교했을 때부터 집으로 돌아갈 때까지 한마디도 하지 않는 겁니다. 아이라 궁금한 것도 많고 하고 싶은 이야기도 얼마나 많겠어요? 사실 어른들도 감정을 드러내지 않기란 힘들답니다. 그런데 그 많은 감정들이 아이의 마음속에서 소용돌이칠 뿐 결코 드러나지 않습니다. 아이가 수없이 망설이는 동안 어느 누구도 그 마음을 헤아리지 못합니다. 아니, 관심조차 없습니다.

물론 교사로서는 그런 아이들이 다루기 편할 때도 있습니다. 큰 소리로 떠들고 장난치는 개구쟁이들이 많으니까요. 조용한 아이들은 교사가 크게 신경 쓸 일이 없습니다. 친구들과도 다투지도 않으니 어찌 보면 참 착한 아이들입니다. 하지만 그런 아이를 무심하게 대해서는 안 됩니다. 한 명 한 명 소중하지 않은 아이들이 없으니까요.

민정이는 3학년 내내 말을 하지 않았습니다. 담임선생님과 이야기를 나눠보니 작년에 엄마 아빠가 이혼한 이후로 말을 하지 않게 되었다는군요. 그런데 6학년이 되어 민정이를 다시 봤을 때는 몰라보게 밝은 아이가 되어 있었습니다. 참, 다행이다 싶었죠. 저렇게 밝은 아이가 그토록 힘든 시간을 보냈을 생각을 하니 안쓰러운 마음도 들었습니다.

〈겨울왕국〉에서 엘사는 얼음 마법을 가진 걸 들키지 않으려 자신의 방에 들어가 문을 꼭꼭 걸어 잠그고 아무도 만나지 않았습니다. 동생 안나는 그런 언니를 어떻게 대했을까요? '언니는 아무하고도 말하고 싶지 않은가 봐. 하지만 언젠가는 나오겠지' 하고 그냥 내버려두었을까요? 아닙니다. 안나는 하루도 빠짐없이 언니의 방문을 두드리고 노래했어요. "언니, 같이 눈사람 만들래? 아니면 자전거 탈래?", "난 항상 기다릴게. 문 열어줘!"

입을 꾹 다물고 있는 아이에게는 먼저 말을 걸어보세요. 그럼 언젠가는 말문도, 마음의 문도 활짝 열 거예요. 편지를 써도 좋아요. 진지한 대화가 아니어도 좋습니다. 소소한 일상의 이야기도 좋아요. 그때마다 아이도 조금씩 다가올 거예요. 그렇게 마음을 연 아이들이 있었습니다. 아이들이 별말을 한 것은 아니에요. 그저 이렇게 말했을 뿐이에요. "고맙습니다, 선생님.", "선생님, 사랑해요."

서현이의 엄마와 상담하던 날입니다. 서현이는 엄마 곁에 앉아 있었죠. 엄마는 몹시 걱정스러운 투로 말했습니다. "우리 서현이가 너무 소극적이고 의사 표현을 못해서 큰일이에요. 어디를 가나 말도 못하고 가만히 있다 오니 답답해요. 지난번 공개수업 때도 손 한 번 들지 않고 발표도 안 하는 거 보셨죠?" 아이의 문제점을 스스럼없이 이야기하는 어머니를 보고 몹시 당황스러웠습니다. 그것도 아이가 보는 앞에서 말이에요. 엄마의 이야기를 들으면서 서현이가 얼마나 부끄러웠을까요?

그래서 나중에 서현이의 엄마에게 전화로 서현이는 절대 소극적이지 않고, 꼭 발표를 잘해야 수업에 잘 참여하는 것은 아니니 아무 문제없다고 말했습니다. 그리고 선생님 앞에서 자신의 문제점을 이야기하는 것을 듣고 서현이가 속상해했을 거라고 말씀드렸답니다.

아이에 대한 기다림은 1년도 길지 않다

아이는 비판 없이 자신을 받아들여 주었을 때 '이 사람은 믿어도 되겠구나!'라고 생각합니다. 어른들은 아이가 믿음을 가지고 마음을 열 때까지 기다려주어야 합니다. 아이들은 진심인지 아닌지 단번에 알아챕니다. 상대를 믿지 않는 한 적당히 숨기고 적절히 속이면서 대화를 합니다. 그러므로 섣불리 추궁하거나 몰아세우면 오히려 역효과가 날지도 몰라요. 어서 대답해, 강요하는 대신 우리의 이야기를 들려줍시다. 듣는다는 것 자체가 아이의 대답이에요. 거부하지 않고 받아들이는 것이니까요.

생각해 보면 저도 초등학교 저학년 때 학교에서 말 한마디 하지 않은 적이 있었습니다. 학교에 가기 싫다거나 특별히 힘들어서 그런 건 아니었어요. 오직 말로만 자신을 표현할 수 있는 건 아니니까요. 아이가 말이 없다고 해도 너무 걱정하지 마세요. 아이는 노래, 그림, 활동 등 다양한 방법으로 자신을 표현하니까요. 때로는 침묵도 표현입니다.

몇 년 전 퇴임하신 선생님이 이런 말씀을 하셨어요. "저는 아이들에게 참 나쁜 선생님이었어요. 무조건 모든 아이들에게 나무 위로 높이 오르라고 했어요. 달리기를 좋아하는 아이도 있고, 헤엄치는 것을 좋아하는 아이도 있었는데 말이에요……. 왜 저는 높이 오르라고만 이야기했을까요?"

아이들은 조금 아프면 꾀병도 부리고 응석도 피웁니다. 하지만 많이 아프면 오히려 숨긴답니다. 아이들이 엄마에게 모든 것을 터놓는 것은 아니랍니다. 아이는 스스로 편안함을 느끼지 않으면 엄마 앞에서도 본모습을 보여주지 않습니다. 그러니 가정에서도 학교에서도 본연의 모습과는 다르게 행동할 수 있지요.

아이들이 편안하게 이야기할 수 있도록 평소에 용기와 사랑이 담긴 편지를 아이에게 써보세요. 아이는 몇 번이고 편지를 꺼내 읽을 거예요. 엄마가 얼마나 사랑하는지, 선생님이 얼마나 믿고 있는지 매일 이야기해 주자고요. "너는 왜 그렇게 말을 안 하니?", "왜 속마음을 터놓지 않니?"라고 재촉하지 마세요. 아이가 말을 하지 않더라도 서운해하지 마세요. 그저 아이가 마음을 열 때까지 우리의 마음과 느낌을 말해 주세요. 천천히 진심을 전하면 언젠가는 아이가 돌아서서 다가올 겁니다.

제가 건네준 편지를 교복 안주머니에 항상 넣고 다니는 아이가 있습니다. 헤어진 지 5년이 지났는데도 제가 준 편지를 간직하고 있는 아이도 있습니다. 한때는 저의 마음을 아프게 했던 아이들이었습니다. 그러나 결국 제 마음이 전해졌나 봅니다. 세월이 한참 흐른 뒤에야 아이들의 대답을 들었습니다. 아이와 함께하는 삶에는 1~2년도 짧은 것 같아요. 조급해하지 말고 끊임없이 사랑을 전해 보세요. 결국 아이는 우리에게 이야기를 건넬 겁니다.

점심시간에 배가 고프지 않은 아이

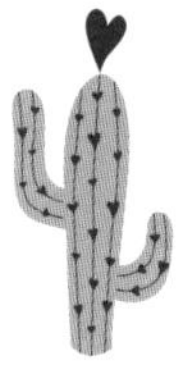

《아이들은 놀이가 밥이다》(편해문)라는 책을 보면 놀이가 아이에게 얼마나 중요한지 다시금 깨닫게 됩니다. 왕따, 학교폭력, 자살 등도 어쩌면 어른들에게 놀이를 빼앗긴 아이들의 복수극일지도 모른다고 저자는 말합니다.

아이의 마음속에는 사랑의 자리, 엄마의 자리, 친구의 자리, 놀이의 자리, 인정의 자리 등 여러 자리가 있습니다. 그런데 그것들이 채워지지 않으면 아이는 아픔을 느낍니다. 반대로 그 자리가 채워진 아이들은 불안해하지 않습니다. 자리마다 채워져야 비로소 문제적 행동이 사라지고 아이다워진답니다.

1학년 내내 급식 시간마다 제 마음을 졸인 아이가 있었습니다.

"대혁이 어디 갔니? 또 안 온 거야?" 스무 명의 자리 중에 하나가 비어 있었습니다. 대혁이는 오늘도 급식실에 오지 않았습니다. 남자 화장실까지 들어가서 손을 씻고 있는 대혁이에게 말했습니다. "오징어 튀김이랑 카레밥이 나온대. 맛있겠다, 그지? 어서 가서 먹을까?" 하지만 대혁이는 밥을 먹으러 오지 않았습니다.

그동안 대혁이 손을 잡고 이끌어보기도 하고, 앞세워 급식실로 가기도 했습니다. 하지만 녀석은 매번 교묘히 빠져나가고 말았습니다. 운동장에도 없고, 2층 교실에도 없었습니다. 대혁이가 가끔 가는 동아리방에도 가보았지만, 복지 선생님은 보지 못했다고 했습니다.

급식실로 돌아오니 아이들은 어느새 밥을 다 먹고 저를 기다리고 있었습니다. 저는 결국 점심을 먹지 않고 급식실을 나섰습니다. 오늘도 대혁이와 저는 점심을 굶었습니다.

대혁이의 마음에는 사랑 자리, 아빠 자리, 친구 자리가 비어 있었습니다. 수업 시간에 집중할 수 없는 것도 당연합니다. 소중한 것들이 아이 마음에서 숭숭 빠진 채로 가만히 앉아 있기란 얼마나 힘든 일이었을까요. 점심시간도 마찬가지였을 겁니다.

대혁이에게는 특히 놀이 자리가 많이 비어 있었던 것 같습니다. 방과 후 수업 시간에도 대혁이는 교실에 남아 이런저런 놀잇감을 가지고 놀았습니다. 점심시간에는 운동장에 쭈그려 앉아서 일찍 밥을 먹고 나온 상급생 형들이 축구시합을 하는 모습을 지켜보았습니다. 멀리 굴러가는 공을 주워서 가지고 놀다 형들에게 혼나곤 했죠.

학급 아이들과 줄 맞춰 이동할 때도 어느 순간 길바닥의 벌레를 살피느라 한참 뒤처지기 일쑤였어요.

대혁이 아빠는 3교대 근무를 하시느라 낮에는 종종 주무시고 주말에도 놀아줄 시간이 없었답니다. 엄마는 이런저런 아르바이트를 하시느라 늘 바빴고요. 아침에 집을 나선 대혁이는 돌봄 교실과 태권도장 등을 돌아다니다 저녁 늦게야 집으로 돌아갔습니다. 숙제와 받아쓰기 공부를 조금 하고 저녁을 먹은 다음 잠들면 다시 아침이죠. 내일도 오늘과 다를 게 없습니다. 여덟 살 꼬마에게 너무나 잔혹한 일과 아니겠어요. 그런 대혁이는 밥 먹는 것도 미뤄두고 틈만 나면 놀 거리 재미있는 거리들을 찾아다녔던 겁니다. 마음의 자리가 여전히 비어 있는 대혁이는 점점 더 '학교에 적응하지 못하는 아이', '이상한 아이'로 낙인찍히게 된 겁니다.

선생님과 부모님은 아이의 행동을 무조건 고치려 듭니다. 점심시간이 되면 한 줄로 서서 밥을 먹으러 가야 한다고 말합니다. 방과 후 수업과 학원은 빠지면 안 된다고 신신당부합니다. 일에 지쳐서 집으로 돌아온 엄마 아빠는 쉬고 싶은 마음에 "혼자 놀아라!"며 아이에게 휴대폰을 쥐어줍니다.

아이의 문제보다 먼저 아이의 마음을 들여다보자

처음에는 단지 밥을 먹지 않는 것만 이상하게 여기던 저는 대혁이가 왜 그럴 수밖에 없었는지 헤아려 봤습니다. 2학년이 되어서도 여전히 대혁이는 점심시간에 혼자 돌아다녔거든요. 한 걸음 떨어져서 보니 아이의 마음이 보였습니다. 아이가 온몸으로 외치는 마음의 소리를 들어야 한다는 생각이 들었습니다.

우리는 종종 이런 아이들에게 'ADHD', '적응력 부족' 등으로 쉽게 진단을 내립니다. 돌발 행동이 잦고 자기 욕구를 충족하는 데 매달리는 아이를 이끌고 무작정 심리 상담소를 찾아갑니다. 하지만 그 전에 아이의 이야기를 들어보면 어떨까요? 대혁이는 늘 이렇게 말했거든요. "놀고 싶어요. 오늘은 뭐 하고 놀아요? 이게 재미있는데." "아빠는 집에서 잠만 자요. 엄마는 만날 소리만 질러요." "지금은 이거 할 거예요. 그거 하기 싫어요. 싫다고요. 죽어버릴 거예요!"

우리는 아이들의 이야기를 귀담아듣지 않았습니다. 놀고 싶고, 하기 싫고, 힘들어 죽겠다고 하는데도 흘려듣는 거죠. 우리가 듣고 싶은 말만 듣거나, 아이의 말을 으레 그러려니 하고 대수롭지 않게 여깁니다.

아이들이 뭔가를 하고 싶다고 할 때, 또는 뭔가를 하기 싫다고 할 때 귀담아듣기만 해도 아이의 마음의 상처를 덜어줄 수 있답니다. 아이의 속마음을 궁금해하기보다 아이의 이야기를 들어보세요. 아이가 말하는 것이 옳으니 그르니 판단하지 않고 말이에요. 아이는 자신의 속마음을 확실하게 말하고 있답니다.

조금 다르게 행동하는 아이들을 다그치지 말고 안아주세요. 어른들의 보살핌을 받지 못해 상심한 아이들이랍니다. “공부해야지”, “약속 지켜야지”, “사이좋게 지내야지!”라는 말 대신 “미안해”라고 먼저 말해 보세요. 문제는 아이에게 있는 것이 아니라 우리에게 있는지도 모릅니다.

아이들을 잘 살펴보세요. 사랑 자리, 놀이 자리, 친구 자리가 비어 있는지 살펴보고 그곳을 채워주세요. 그러면 아이는 건강하게 자라날 것입니다. 지금 대혁이는 4학년이 되었습니다. 대혁이가 점심시간마다 방황하지 않고 친구들과 점심을 맛나게 먹고 있기를 바래봅니다.

모두가 피하고 싶어 하는 아이

매년 3월 새 학기를 맞아 아이들을 처음 만나는 날은 기대 반 걱정 반으로 교실 문을 들어섭니다. '모두 다 즐겁게 한 해를 보내야 할 텐데, 혹여 힘든 아이가 있으면 어쩌나'라는 걱정은 들지만, 밝게 웃으면서 교실에 모인 아이들을 쓱 바라봅니다. 한명 한명 얼굴을 살피다 한 아이에게 시선이 머물면서 '아, 저 애가 좀 힘들겠구나' 하는 생각을 합니다. '저 아이는 마음이 아파 보이는구나. 내가 도와줘야겠다'는 생각을 왜 하지 못했는지 저 자신이 부끄럽습니다.

그 순간 아이에 대한 정보를 마구 머릿속에 집어넣습니다. 그저 보이는 것만 가지고 멋대로 추측하면서 말이에요. '저 애는 계속 자기를 봐달라고 큰 소리로 대꾸하고 있어', '너무 지저분하잖아', '아

까부터 계속 앞자리 아이를 귀찮게 하네.'

저는 아이들을 두 부류로 나눴던 것 같습니다. 수월한 아이와 힘든 아이. 수월한 아이들은 규칙을 잘 지키고 할 일은 알아서 잘하며 신경 쓰지 않아도 친구들과 잘 지내는 아이들입니다. 그런 아이들이 많다 싶으면 환하게 웃으면서 동료 선생님에게 "올해는 아이들을 잘 만났어"라고 말하고 했습니다. 반면 매 순간 제 참을성을 시험하는 아이들이 있습니다. 지나고 보면 이런 아이들에게 참 미안합니다. 좀 더 따뜻하고 관대하게 대해 주지 못해서 말이에요. '힘든 아이'가 아니라 '힘들어하는 아이'들을 더 사랑하고 보살펴주었다면 얼마나 좋았을까 하는 후회가 듭니다.

참 이상한 것은 제 마음속으로 힘든 아이라고 생각했을 뿐인데, 시간이 지날수록 반 아이들 대부분이 그 아이를 싫어하는 것입니다. 쉬는 시간에 저를 찾아와 그 아이의 잘못된 행동을 낱낱이 일러바치는 아이들도 있었습니다. 그 아이는 좋지 않은 일에 번번이 관련되어 있었습니다. 화장실 바닥과 천장에 물에 젖은 휴지를 신나게 집어 던지는가 하면, 다른 아이를 울리거나 때리고, 소리 지르며 반항하기도 했죠. 숙제를 해오지 않는 것은 물론이었고요.

몇몇 아이들은 친구의 물건을 빼앗고 돈을 훔치고 욕을 하며 자신의 존재를 표현했습니다. 그 방식은 역시나 서툴고 거슬리고 과격하여 짜증을 불러일으킬 만했죠. 자신의 존재감을 드러내는 데 너무나 서툰 가엾은 아이들이었습니다.

자신을 봐달라고 발버둥 치는 아이들에게 저는 매번 차갑게 쏘아붙였습니다. "제대로 행동해야 할 것 아니야! 이렇게 울고불고 떼를 쓰면 아무도 너를 안 좋아할걸?" 심지어 학급 아이들 앞에서 "얘들아, 이런 모습 보기 좋니?"라고 대놓고 핀잔을 주기도 했답니다. 아무도 그 아이 편을 들지 못하게 말이에요. 반 아이들 모두 '아니오, 싫어요!'라고 했을 때 그 아이의 기분이 어땠을까요? 그렇게 하면 그 아이가 바뀔 줄 알았습니다. 하지만 아니었어요. 그럴수록 아이는 저의 격한 감정에 더욱 동조할 뿐이었습니다. 반 아이들은 점점 더 그 아이를 밀어냈고요. 무턱대고 비난부터 했던 저는 그 아이의 마음을 알아주기는커녕 상처를 더하고 더욱 할퀼 뿐이었습니다.

《학급긍정훈육법》에서는 '소속감'에 대해 자세히 다루고 있습니다. 아이들은 선생님과 친구들 사이에서 자신이 의미 있고 소중한 존재가 되기를 바란다고 합니다. 하지만 그러한 소속감을 잃는 순간 교사를 힘들게 하는 문제아로 전락하는 것이지요. 사실 문제아라는 표현 자체도 비인간적입니다.

반 아이들이 모두 자신을 싫어한다면 그 아이는 교실이 마치 지옥 같을 것입니다. 특히 그들에게는 자기편이나 단짝이 없습니다. 현장체험 학습을 떠나는 버스에서 다른 친구들은 모두 짝을 지어 앉는데, 그 아이만 혼자입니다. 얼마나 불편하고 소외감이 들까요? '친구들이 모두 나하고 앉기 싫은가 봐.' '나는 저 아이랑 앉고 싶은데 쟤는 내가 싫겠지?' 이런 생각을 하며 마음이 일렁거렸을 겁니다.

그 아이의 학교생활은 참으로 우울합니다. 같은 조의 아이들은 그 아이 때문에 자기 팀이 졌다고 불만을 터뜨립니다. 역할 놀이를 하려고 하면 "재는 어차피 아무것도 안 해요!"라고 쏘아붙이듯 말합니다. 아이들이 모두 "재랑 하기 싫어요"라고 말합니다.

그때로 다시 돌아간다면 이렇게 말하고 싶습니다. "대호야, 너는 누구랑 앉고 싶니?" 설사 그 아이가 함께 앉고 싶어 하는 아이와 짝을 못하더라도 아이의 마음만은 알아줄 수 있었을 테니까요. 학급의 모든 아이들이 그 아이를 적으로 만들지 않도록 할 겁니다. 다른 많은 아이들 편에 서서 비겁하게 침묵하지 않을 것입니다. 그 아이를 외롭게 만드는 데 일조하는 교사가 되지 않을 것입니다.

모두에게 외면당한 아이를
단 한 사람이라도만 안아줄 수 있다면

암사자는 얼룩말 무리 중 가장 약한 놈을 골라서 공격합니다. 그러면 다른 얼룩말들은 사냥감이 된 놈을 내버려두고 도망가 버립니다. 학교도 마찬가지입니다. 지저분한 외모, 모난 성격, 거친 행동을 하는 아이들을 저만치 떼어놓고 자기들끼리만 달립니다. 저 역시 비겁한 얼룩말 중의 한 마리나 다름없었습니다. 교실에서 따돌림당하는 아이들 곁에 서지 못했습니다. 삐

뚫어진 마음에서 표출되는 공격적인 언행, 부모님의 손길이 부족해서 제대로 갖추고 다니지 못하는 아이들을 미처 헤아리지 못했습니다.

스스로 설 수 없는 아이들에게 의지하고 기대고 싶은 '한 사람'이 되겠습니다. 그들 마음속에 남은 작은 희망들이 타오를 수 있도록 작은 불씨가 되어줄 것입니다. 그 아이들에게 사랑한다고, 너는 소중하다고, 혼자 아파하지 않게 해주겠다고 얘기할 것입니다.

아이들에게 섣불리 부정적인 꼬리표를 붙이지 않아야 합니다. 마음속으로만 붙인 꼬리표도 금세 다른 사람들 눈에 띄게 마련입니다. 아이는 순식간에 '그런 아이', '말썽만 부리는 아이'가 되고 맙니다. 친구들과 어울리지 못하는 아이들에게 필요한 것은 "친구들하고 사이좋게 지내야지!"라는 훈계가 아닙니다. 아이의 불안한 마음을 읽고 작은 할 일거리, 기여할 거리를 찾아주는 것이 중요합니다. 노인들은 가정 내에서 더 이상 쓸모없다고 여겨질 때 가장 힘들다고 합니다. 아이도 마찬가지입니다. 학급이나 단체에서 있으나 마나 한 존재로 여겨질 때 비참함을 느끼죠. 훈계하기 전에 아이의 존재감을 먼저 살려주세요. 자존감이 생기는 순간 아이는 달라질 것입니다.

지나고 나서 아픈 손가락들을 떠올려봅니다. 뒤늦은 고백으로 미안함을 덜 수 있을지는 모르겠습니다. 하지만 앞으로 만날 아이들에게는 버려두고 달아나는 얼룩말이 되지 않기를 다짐합니다.

100점으로 성적을 만들어달라는 아이

초등학교 1학년 아이들이 받아쓰기 시험을 볼 때였습니다. 한 아이가 서랍 속에 손을 넣어 정답지를 살짝 빼내 보더니 다급하게 옮겨 적습니다. 아이는 100점을 맞고 싶었나 봅니다. 저는 당장 아이에게 다가가 시험지를 빼앗고는 점수 칸에 '0'점이라고 적어서 돌려줬습니다. 그리고 이런 말을 덧붙였죠. "너 자신을 속이면 돼, 안 돼? 넌 시험 볼 필요도 없어. 이거 보여드리고 엄마한테 사인받아 와!" 불과 2년 전의 일입니다. 교사가 된 지 11년째, 아직도 저는 그렇게밖에 하지 못하는 서툰 선생입니다.

받아쓰기 문제 두 개를 틀려서 80점을 맞은 또 다른 아이는 대성통곡을 합니다. "아빠가 100점 맞아 오랬는데, 틀리면 안 돼요!" 아이는 아빠한테 야단맞는다고 소리치며 울부짖습니다. 심지어 다시 정답을 쓸 테니 100점으로 해달라고 합니다. 원래 아는 단어인데 실수로 잘못 썼다고 말이죠. 아무리 달래도 소용없었습니다.

다음 수학 시간이 되면 비슷한 상황이 되풀이됩니다. 그러면 저는 또다시 아이를 혼내고 다그칩니다. "울지 마라", "낙서하지 마라", "얼른 풀어라"……. 마치 생각 없이 떠드는 한 마리 앵무새처럼 말이에요. 체육 시간에도 어김없이 적응하지 못하는 아이들이 나타납니다. 정해진 규칙과 자기 순번을 따르지 않고 혼자 공을 마구 튀기며 노는 아이, 말주변 없고 수줍은 아이를 맨 뒤에 세워놓고 자기들만 게임을 즐기는 아이들, 아무런 표현도 못 한 채 고개를 떨구고 가만히 서 있는 아이.

매 순간 이런 아이들을 맞닥뜨리게 됩니다. 그러면서 매번 제가 잘못하고 있다는 기분을 느낍니다. 스무 명 남짓한 아이들이 어떻게 하면 저마다 즐겁게 학교생활을 할 수 있을까요?

해답을 찾지 못한 저는 늘 막막하고 자신 없고 아이들에게 미안했습니다. 매일 아침 출근길이 한숨 바다이었고, 공연히 육아휴직을 늘려보기도 했습니다.

하지만 이제는 어떻게 해야 할지 알게 되었습니다. 아이들을 혼내는 대신 이렇게 말합니다. "세미야, 엄마를 웃게 하지 않아도 돼. 아빠에게 칭찬받으려고 하지 않아도 돼." 아이들은 누군가를 위해 사는 삶이 아니라 자신의 즐거움과 재미가 중심인 삶을 살아야 합니다.

그래야 행복합니다. 그러나 자신이 뭔가를 잘했을 때만 웃음 짓는 어른들을 보면서 아이는 종종 동기와 재미, 심지어 양심도 놓아버립니다. 칭찬받을 만한 일로 아이를 칭찬하는 것을 경계해야 합니다. 아이는 그 자체로 사랑받아야 하는 존재이니까요.

설령 아이가 답안지를 훔쳐보더라도 당장 혼내기보다는 아이가 그렇게 할 수밖에 없었던 이유를 생각해 봐야 합니다. 잘못된 행동임을 알려주는 것이 목적이지 아이를 탓하는 것이 목적은 아니니까요. "왜 그랬어?", "어, 그랬구나. 그런 이유가 있었구나" 하고 진심으로 아이의 입장을 이해해 봐야 합니다. 잔소리와 훈계만 하는 교사가 아니라 조금이라도 진심이 통하는 친구처럼 말이에요.

부모가 모르는 아이의 두 얼굴

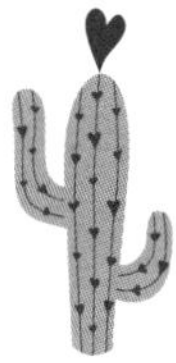

학급을 운영하면서 늘 한 가지 함정에 빠지곤 했습니다. 아이가 적응하지 못하거나 문제를 자주 일으키면 백발백중 가정에 문제가 있기 때문이라고 단정하며 그 부모님을 탓하고 비난했습니다. '문제아 뒤에는 문제 엄마, 문제 가정이 있다.' 이런 논리였죠. 이것이 얼마나 위험한 추측이자 자기 합리화의 방편이었는지를 깨달은 것은 얼마 되지 않습니다.

그러한 함정에서 빠져나올 수 없었던 이유는 교사와 담임의 의무에서 조금이라도 벗어나기 위해서였던 것 같습니다. 문제가 있는 행동의 원인을 부모 탓으로 돌려버리면 마음이 편했거든요. '엄마 아빠가 만날 싸우니 아이도 저렇게 폭력적인 거야', '엄마 혼자 아이를 키우며 불안정한 생활을 하니 뭘 보고 배우겠어?' 이런 생각을 하면서 저는 아무것도 하지 않았습니다.

교사가 되고 그다음 해의 일입니다. 말쑥하게 생긴 남자아이가 전학을 왔습니다. 어머니는 아이를 교실에 들여보내고는, 제게 이렇게 말했습니다. "문성이 아빠가 혹시 전화해서 전학 온 사실을 확인하거나 주소를 물어보더라도 모른다고 말씀해 주세요." 그때부터 그 아이를 '가정 내에 문제 있는' 불우한 아이로 판단해 버렸습니다. 문제를 일으킬지도 모른다고 말이죠.

하지만 문성이는 제 예상과는 달리 학교생활을 아주 잘했습니다. 친구들과도 금세 친해졌고, 축구를 하면 반 아이들은 서로 문성이를 자기편에 넣으려고 했습니다. 전학 온 지 한 달도 되지 않아 문성이는 학급에서 인기 순위 1위에 뽑히기도 했습니다. 청소 시간이면 소매를 걷어붙이고 물걸레질을 하거나 칠판을 닦았습니다. 제가 부탁하지도 않았는데 웃으면서 교탁의 키보드 먼지를 닦아냈습니다.

그즈음 이웃 학교랑 패싸움이 벌어질 뻔했습니다. 우리 학교 아이들 10명가량이 쇠파이프와 각목, 야구 방망이를 준비해서 갔다는 것이었습니다. 다행히 상대 학교에서 먼저 알고 미리 조치를 취해 싸움을 막았다고 했습니다. 그런데 싸움을 계획하고 친구들을 모은 것이 다름 아닌 문성이였다고 합니다.

충격적인 일은 그뿐만이 아니었습니다. 전학 온 다음 날 바로 문성이가 소위 '학교짱' 하고 붙어서 일인자가 되었다는 겁니다. 그 사실을 한참 후에야 알았습니다. 그 뒤로 아이들은 문성이를 두려워하기 시작했습니다. 맛있는 것을 갖다 바치고, 크고 작은 문제가 생겨도 문성이 이름은 절대 입에 올리지 않았던 것입니다. 문성이는 자기 말을 잘 듣는 친구들을 집으로 불러 야동(야한 동영상)을 보여주거나 여자 친구를 소개해 주기도 했지요. 당시 5학년, 열두 살짜리 아이의 행동이라고는 도저히 믿을 수 없었습니다.

한번은 성교육 시간이었습니다. 문성이는 정말 호기심 어린 표정으로 질문했고, 저는 나름대로 적절한 한계를 정하고 알기 쉽게 설명해 주었습니다. 어른들이 보는 동영상을 수도 없이 봤을 아이가 제 앞에서는 너무도 순진한 표정을 짓고 있었던 것입니다. 문성이를 따르던 남자아이들도 모두 쉬쉬하고 있었습니다.

교실에서 친구들끼리 싸우면 문성이는 아이들을 말리고 저를 위로해 주기까지 했습니다. "선생님! 아이들은 원래 싸우면서 크잖아요. 쟤들도 잘못을 느끼고 있을 거예요. 너무 속상해하지 마세요." 이렇게 제 앞에서는 예쁜 말만 쓰고 참으로 친절한 아이였습니다.

그러나 사실 아이들은 문성이를 몹시 두려워했답니다. 심지어 축구나 피구를 하던 중에 문성이가 반칙을 해도 눈감아 주었습니다. 문성이가 물건을 훔치거나 다른 친구들을 때리는 것을 보고도 침묵했습니다. 아무도 이르지 못했던 거예요. 완벽한 이중생활이었습니다. 선생님 앞에서는 착하고 순수한 아이처럼 굴고, 어느 누구도 반기를 들 수 없는 카리스마로 친구들을 제압했던 것입니다.

엄마에게는 아무것도 모르는 막내아들이었습니다. 전화 통화를 할 때마다 문성이 어머니는 아이가 자기 때문에 상처를 많이 받았다며 미안해했습니다. 대학생 큰형과 중학생 누나에게 너무나 알뜰살뜰하고 애교 많은 동생이라 더 예쁘고 짠하다면서요. 마음이 여리고 엄마를 보듬어주는 예쁜 막둥이라고 눈물지었죠. 그런 어머니에게 문성이의 실제 학교생활을 자세히 알려드리기가 무척 힘들었습니다.

'너를 사랑해. 여전히 사랑해.
네가 있어 고마워.'

문성이가 두 개의 가면을 쓰고 열두 살 인생을 살아가게 된 것은 누구 때문일까요? 돈 버느라 바쁜 엄마 때문일까요, 아니면 세 아이를 책임지지 않고 아내에게 폭력을 행사했던 아빠 때문일까요? 하지만 늘 사이좋은 부모와 화목한 가정에서 사랑과 관심을 듬뿍 받으며 자라는 아이들이 얼마나 될까요? 정도의 차이가 있을 뿐 어느 가정이나 문제 한 가지쯤은 있게 마련이 아닐까요.

결국 저는 한 가지 결론에 이르렀답니다. 문제 행동의 원인을 찾는 것은 별다른 도움이 되지 않는다는 것입니다. 그보다는 아이의 안색을 살피고, 한 번이라도 더 친근하게 다가서고, 이야기를 나누어야 했습니다. '너를 믿는다. 설령 네가 좋지 않은 행동을 했다 하더라도 그것은 네 잘못이 아니다'라고 진심으로 말해 주었다면 어땠을까요? 사람을 속이고 못된 짓을 하고 다녔냐고 몰아세우는 대신 '너도 힘들었겠구나. 그래도 내 앞에서는 웃어주고 예쁜 말 해줘서 고마워'라고 말해 주었다면 어땠을까요?

해를 거듭할수록 제가 제대로 품지 못한 아이들을 생각하면 마음이 먹먹합니다. 가족이나 친구에게조차 기댈 수 없었던 아이들을 교사인 저도 품어주지 못했다는 사실에 가슴이 아픕니다. 저 역시 다른 어른들과 똑같이 훈계하고 미워하고 혼내면서 아이를 탓했다는 사실에 미안한 마음뿐입니다. 해마다 마음으로 품지 못하고 모질게 내친 아이들 생각에 늘 부족한 선생이라는 자책감에 빠집니다. 결국 저는 교사라는 직업인일 뿐이었습니다. 언제쯤 아픈 아이들에게 힘이 되고, 외로울 때 의지하고 싶은 선생님이 될 수 있을까요?

저는 아이들 가족에게만 더 이상 책임을 묻지 않으려고 합니다. 아이들 부모님에게 잘 좀 하라고 말하지 않을 겁니다. 그러기 전에 저부터 노력할 겁니다. 좋지 않은 행동이 습관처럼 자리 잡은 아이들을 선불리 평가하기보다 따뜻하게 바라볼 것입니다. 아이들도 행복하게 살아갈 권리가 있기 때문입니다.

누구나 그렇듯 아이들은 인정받고자 하는 욕구를 가지고 있습니다. 잘 보이고 싶고, 잘하고 싶은 마음이 분명 있을 것입니다. 매번 약속을 어기고 잘못된 행동을 하는 아이도 마음만은 그렇지 않을 것입니다. '너는 역시 안 돼. 틀렸어!'라는 마음이 들 때마다 저 자신을 돌아볼 것입니다. 아이를 탓하며 잘못했다고 몰아세우려는 마음이 들 때마다 제가 뭘 더 해줄 수 있는지, 제가 챙겨야 할 것이 무엇인지 생각할 것입니다. 그리고 아이의 행복과 더 나아질 모습을 위해 응원하겠습니다.

배나무가 척박한 곳에 뿌리를 내렸어도 따뜻한 햇살이 있으면 자라날 수 있습니다. 큰 나무 그늘에 가려 햇볕을 조금 덜 받아도 비를 듬뿍 맞으면 된답니다. 아이들에게 햇살과 단비 같은 교사가 될 수 있도록 노력할 것입니다.

제발 엄마한테는 말하지 마세요라고 하는 아이

아침 9시가 조금 지난 시각, 아파트 2층에서 창밖을 내다봅니다. 잠시 휴직하고 두 아이를 돌보는 저는 이때야 겨우 일어납니다. 환기하려고 베란다 문을 여니 서너 명의 엄마들과 어린아이들 서너 명이 보입니다. 저쪽 편에도, 이쪽 관리실 앞쪽도 같은 풍경입니다. 잠시 후 노란 어린이집 버스와 유치원 차가 들어오고 나면 순식간에 엄마들은 뿔뿔이 흩어져 각자의 집으로 들어갑니다.

보육시설이 생기면서 많은 가정이 혜택을 누리고 있습니다. 맞벌이하는 가정은 어쩔 수 없이 자녀를 보육 시설에 보냅니다. 그리고 부모 중 한 명이 집에 있다 하더라도 상당수 가정에서는 아이들을 유아원에 보냅니다. 나라에서 보육비를 지원해 주는데 집에 있는 것보다 유아원에 보내서 뭐라도 배우는 것이 낫다고 하는 사람들도 있습니다. 저 역시 육아에 자신 없고 힘에 부칠 때면 아이들을 보육 시설에 보내고 제 시간을 가지고 싶다는 생각을 한 적도 있습니다. 하지만 이것이 훗날 아이의 삶에 적잖은 사랑의 부재를 가져올 수 있음을 같이 생각해 보고자 합니다.

초등학교 1학년 담임을 맡았을 때 영주라는 아이가 있었습니다. 영주는 아직 어린데도 선생님의 엄포나 회유가 통하지 않는 아이였습니다. 유한 심성을 많이 잃은 아이였지요. 쳐다보는 눈빛조차 매서웠습니다. 수업 시간에도 공부를 하기보다는 선생님이나 친구들의 행동을 살피곤 했지요.

어느 때부터인가 제 지갑에서 돈이 조금씩 비는 것을 느꼈습니다. 3만 원을 넣어두면 2만 원만 남아 있고, 8천 원을 넣어둔 것 같은데 5천 원밖에 없었던 겁니다. 직원회의를 하고 돌아오면 교실 앞문이 열려 있고, 아이들에게 줄 선물이 눈에 띄게 없어지곤 했습니다. 모두 영주가 한 일이었어요.

영주는 제가 다 알고 있다는 것을 알면서도 눈빛 하나 변하지 않았습니다. 아무렇지 않게 거짓말을 하고, 들통 나면 또 다른 거짓말로 둘러댔죠. 그렇게 대담하던 아이가 일순간 변한 때가 있었습니다. 바로 '엄마한테 말씀드리겠다!'고 말했을 때였죠. 영주는 절대 안 된다면서 어쩔 줄 몰라 했습니다.

영주는 한겨울에도 맨발에 실내화를 신기도 했고, 때가 잔뜩 묻은 셔츠를 며칠 동안 입고 다니기도 했습니다. 외투에는 담배 냄새가 짙게 배어 있었고요. 필통 속에는 심이 다 부러진 연필이 네댓 자루 들어 있었습니다. 기분이 나쁘면 제가 어떤 말을 해도 입을 꾹 다물고 아무 말도 하지 않았습니다.

무엇이 영주를 이토록 차갑게 만들어버린 걸까요? 왜 영주는 사람들을 외면하고 따뜻한 시선조차 거부하게 되었을까요? 보살핌을 못 받고 있다는 것을 온몸으로 말하고 있는 걸까요? 눈매가 너무나 차갑고 매서워서 그 아이를 대할 때면 가끔 두려운 마음도 들었습니다.

영주는 다문화 가정 아이입니다. 20대의 외국인인 엄마는 2교대 근무를 하느라 새벽에 나갔다가 밤에 들어오곤 했죠. 그러다 보니 아이의 아침밥을 챙겨주기 힘들 때가 많았답니다. 쉰 살의 아빠는 건강하시지만 일을 전혀 하지 않았답니다. 상가의 빈 병이나 폐지, 물건 등을 훔친 일도 있었답니다. 아빠가 엄마의 옷 주머니나 지갑에서 몰래 돈을 꺼내 술을 사 오시는 모습을 영주는 수도 없이 봤지요. 영주 엄마는 아빠가 자식 교육에 아무 관심이 없다고 느꼈습니다. 그런 까닭에 엄마는 더욱 영주의 시험 점수를 민감하게 챙겼습니다. 힘들고 고된 일을 마치고 와서도 영주의 숙제를 꼭 확인했죠. 때론 매를 들고 벌을 세우기도 하면서요. 낮에는 친할머니가 계신 작은어머니 집에 가는데, 영주는 거기서도 잔소리를 듣고 회초리를 맞는 때가 많았답니다.

내 아이에게 지금 필요한 것

어린아이들에게 가장 중요한 것이 무엇일까요? 유치원에서 친구들과 어울리며 사회성을 기르는 것일까요? 방과 후 수업이나 학원에서 공부하는 것일까요? 아니면 가족 여행이나 사회 경험일까요? 사회성, 학습, 경험, 관계, 습관, 애정 등 무엇이 아이에게 가장 필요한지 생각해 봐야 할 것입니다. 현실적으로 힘들고 불편하다고 해서 아이에게 가장 중요한 것을 빼앗고 있지는 않은지 되돌아봐야겠습니다. 그것을 놓치는 순간, 아이는 어떤 식으로든 아픔을 표현하기 때문입니다. 영주는 도벽이나 차가운 마음, 매서운 눈빛, 반항심으로 표현했지요.

아이에게 가장 중요한 것은 부모와의 관계입니다. 저학년이든 고학년이든 상관없이 말이에요. 젖먹이 아기에게도, 대여섯 살 유치원 아이에게도, 초등학생, 사춘기, 대입을 앞둔 수험생에게도 가장 중요한 것은 부모의 신뢰, 사랑, 존중이 바탕이 되는 '관계 맺음'에 있습니다. 그것만 단단하면, 그것만 잃지 않는다면 시간이 조금 걸리더라도 아이의 아픔을 어루만질 수 있습니다. 바꿔 말하면 그것 하나만 잃어도 모든 것을 잃는 것입니다.

이를 위해서 아이가 어릴수록 함께하는 시간을 많이 가지는 것이 중요합니다. 부모는 아이가 실수하고, 성장하고, 변화하는 모습을 최대한 놓치지 않아야 합니다. 영주는 훔친 필통이나 장난감을 집에 가서 감추지 않아도 되었답니다. 갑자기 많은 돈이 생겨서 친구들에게 이것저것 사 주고 군것질을 해도 바쁜 엄마는 그것을 알아차리지 못했습니다. 아빠도 마찬가지였죠.

아이의 아픔을 깨달은 순간 삶을 바꿔야 합니다. 호미로 막을 것을 가래로 막는 일이 없도록 말입니다. 자신의 삶이 조금 불편하더라도 아이가 원하는 것을 기꺼이 채워주어야 합니다. 바쁘다는 핑계로 차일피일 미루다 보면 점점 아이의 진심을 듣지 못하게 될 것입니다. 상대를 믿지 못하는 순간 아이는 철저하게 이중 언어를 사용하니까요. 얼굴도 두 개, 마음도 두 개가 되죠. 바로 지금 아이를 살펴봐야 합니다. '나중에 돈 좀 벌고 나서, 쫌 더 크면?' 하지만 나중은 없습니다. 아이의 아픔을 감지한 순간 미루지 않아야 합니다.

최악의 순간에도 아이의 진심만큼은 믿어주고, 그 마음을 충분히 전하세요. 그것이 조건 없는 믿음이 되어 아이가 힘들 때 힘이 된답니다. 제가 비록 소리를 지르고 다투면서도 두 아이를 끌어안고 하루하루를 살아갈 수 있었던 것은 함께하며 관계를 맺은 시간 덕분입니다. '상황이 되면 바꿔야지'라는 생각은 접어두세요. 지금 당장 뭔가를 포기해야 하더라도 아이를 위해 바꿔보세요. 우리 아이들이 방과후 수업, 학원 수업, 길거리, 공원, 놀이터를 전전하며 안타까운 어린 시절을 보내지 않도록 해주세요. 아이의 어린 시절은 다시 오지 않습니다.

아나운서가 꿈인 아이가 쓰는 말

초등학교 교사인 저는 아침 8시에 출근해서 아이들과 험난하고도 드라마틱한 시간을 보냅니다. 학년에 따라 다르지만 평균적으로 수업은 2시 30분쯤 끝납니다. 가끔 직원회의, 격주로 부장회의나 업무 관련 회의, 이틀에 한 번 정도 학년 회의에 참석하고 나면 퇴근 전까지 1시간가량 남습니다. 그 시간 동안 수업 준비, 준비물 파악, 학부모 전화 상담, 학생 면담, 청소, 연수 청강, 업무 처리 등을 합니다. 4시 30분이 되면 부리나케 가방을 챙겨 주차장으로 향합니다. 4시 50분까지 어린이집에 있는 딸을 데리러 가야 하기 때문입니다.

퇴근 후 또 다른 일을 시작합니다. 바로 엄마의 일이지요. 이직 준비로 아침 일찍 도서관에 나가서 밤 12시에 들어오는 남편에게는 쉽사리 도와달라는 말이 나오지 않습니다. 제 끈질긴 부탁으로 남편은 늦은 나이에 공무원 시험을 준비하게 되었습니다. 남편이 회사를 그만두면서 경제적 여력이 없으니 최대한 빨리 시험에 합격해야 했습니다. 그래서 힘에 부쳐도 아무 말 하지 않고 학교 일과 아이 돌보는 일을 꿋꿋이 해냈습니다.

어린이집에서 집으로 가는 길에 동네 산책도 하고, 놀이터에서 모래 놀이나 그네타기를 합니다. 어둑해질 무렵 집으로 돌아와 씻고, 저녁 먹고, 다시 아이와 놀아줍니다. 12시가 다 되어 집으로 돌아온 아빠를 보고서야 잠드는 딸아이 때문에 정신력도 체력도 뚝뚝 떨어졌지만 그렇게 하루하루를 살았습니다.

둘째 출산을 앞두고 시작된 휴직 기간에는 더 힘든 일상을 보냈습니다. 남편은 막바지 시험 준비로 더더욱 시간을 낼 수 없었죠. 엄마가 휴직을 하자 딸은 곧바로 어린이집을 다니지 않겠다고 했습니다. 17개월간의 어린이집 생활을 접고 집에서 엄마와 재미나게 놀았지요. 그러나 저는 부른 배로 허리가 아프고, 가만히 있기도 귀찮은 막달에 혈기왕성한 딸아이랑 그림 그리고 목욕놀이를 하고 산책을 하기가 쉽지 않았습니다.

출산 후에는 눈물 흘릴 날이 많았습니다. 갓난아이를 등에 업고 겨우 재웠다 싶으면 큰 아이가 소리 지르고 울어서 대번에 동생을 깨웠죠. 이제 막 젖을 먹이기 시작했는데 화장실 가야 한다고 하면 수유 쿠션에 갓난쟁이를 눕힌 채로 엉거주춤 큰아이를 옆구리에 끼고 가서 변기에 앉히기도 했답니다. 곧 이사 가는 집처럼 난장판이 되어 발 디딜 틈 없는 방을 보면 짜증도 나고 한숨도 나왔습니다. 설거지 그릇이 산더미처럼 쌓이고 달걀 프라이는 금세 타버리고, 엎질러 놓은 우유를 닦다가 울고 야단치기 일쑤였습니다. 그러면서도 아이에게 과도한 영상 노출은 좋지 않다는 생각에 텔레비전이나 휴대전화를 보여주지 않았습니다. 아이가 무료해 하지 않도록 책을 읽어주고, 종이도 오리고, 함께 요리도 하고 밖에 나가서 놀아주기도 했습니다. 매 순간이 쉽지 않은 나날이었습니다.

그래도 지금은 어찌어찌 시간이 흘러 아이들은 예쁘게 컸습니다. 누구나 다 그럴 겁니다. 집안 살림과 아이 교육, 야근과 주말 근무까지 해야 하는 엄마와 아빠들. 어느 누구도 평탄한 일과를 보내는 사람은 없을 겁니다. 복잡하고 힘든 일상에서 벗어나 쉬고 싶은 마음은 누구에게나 있을 겁니다. 우리 아이들도 마찬가지입니다. 아이들도 매일매일 빡빡한 일정에서 벗어나 아무런 부담 없이 맘껏 즐기고 싶을 것입니다. 그런 마음을 왜 헤아리지 못하는 걸까요?

원더우먼이 힘든 만큼 원더키즈도 괴롭다

5학년 담임을 맡을 때였습니

다. 참으로 똑똑하고 당찬 여자아이가 있었죠. 워낙 말주변이 좋고 의사 표현도 똑 부러지게 하여 다른 친구들은 그 아이를 몹시 부러워했습니다. 학기 첫날 그 아이는 커서 아나운서 되는 것이 꿈이라고 야무진 포부를 밝히기도 했답니다. 늘 모범생이었기에 뭐 하나 야단칠 거리가 없는 아이였습니다.

그러던 어느 날 수업 중에 그 아이와 다른 아이가 몰래 뭔가를 주고받는 모습을 발견했습니다. 한두 번 그러다 말겠지 싶었는데 다른 아이들까지 눈치챌 정도로 거듭되자 결국 저는 그 아이에게 다가갔습니다. 아이는 멈칫하며 계속 쪽지를 숨기려고 했습니다. 그 쪽지를 뺏어서 펼쳐본 저는 깜짝 놀랐습니다. 쪽지에는 이런 말이 적혀 있더군요.

'깝치지 말고 짜져 있어, 이 찌질아! 너 같은 년은 좀 외로워 봐야 정신 차리지. 쯧쯧. 너 낳고 좋다고 웃는 네 엄마가 불쌍한 줄 알어! 씨발.'

저를 두고 쓴 말도 있었습니다.

'쟤, 또 시작이다. 여태 안 끝내주고 또 뭐하냐? 시간 질질 끌다가 다른 반 다 끝났는데 그때 보내줄라고? 씨발. 저년도 똑같애. 아, 학교 끝나고 오늘 뭐 할 거야?'

저는 순간 어떻게 해야 할지 몰랐습니다. 무척 화가 났고 배신감이 들었죠. '선생님인 나에 대해 어떻게 저런 말을 하지?', '저런 애가 무슨 아나운서가 되겠다는 거야?' 이런 생각들이 먼저 솟구쳤습니다. 그런데 그 아이뿐 아니라 많은 아이들이 비슷했습니다. 제 앞에서 보여주는 모습과 전혀 다른 모습으로 친구들을 대하는 아이들이 정말 많았습니다. 지금은 '충분히 그럴 수 있다'는 생각이 듭니다. 소위 모범생이라는 아이들, 공부 잘하는 아이들이 말도 예쁘게 하고 바른 행동만 한다는 것은 고정관념일 뿐이니까요. 어른인 저도 늘 사람들에게 친절하지는 못하고, 때로는 화내고 짜증 내고 욕을 하기도 하듯이 아이들도 마찬가지입니다. 제 바람과 높은 기준, 기대감에는 오류가 많다는 것을 깨달았습니다. 저도 힘든 것을 아이한테 바라고, 불가능한 것을 아이에게 기대하고 있었던 것 같습니다.

아이 둘과 함께 힘든 하루를 버텨냈는데, 집으로 돌아온 남편이 이런 말을 합니다. "그래도 설거지는 제때 해야지!", "밥풀 흘린 건 바로바로 닦으면 좋지 않아?" "늦게 일어나는 것도 습관이야. 충분히 잤잖아. 아침에 일어나서 세수부터 하면 잠도 깨고 개운해." "소리 지르고 화내면 아이가 다 배우잖아. 차분하게 설명을 해야지 열을 내면 어떡해?" 잘못했다는 것을 알면서도 이런 말을 들으면 억울한 마음에 눈물을 흘리면서 남편에게 소리칩니다. "얼마나 더 잘해? 나도 힘들다고. 하기 싫다고!"

아이들 마음도 이런 것 아닐까요? 휴직을 마치고 학교로 돌아가면 좀 더 느긋한 선생님으로 아이들 앞에 서고 싶습니다. 아직도 편견과 좁은 식견을 완전히 떨쳐버리지는 못했습니다. 여전히 고지식하고 일방적이고 단정적인 면이 있답니다. 하지만 아이들에게 그만

하면 잘하고 있다고 말해 줄 겁니다. 아이들은 늘 크고 작은 잘못을 저지르게 마련입니다. 그때마다 잔소리하고 혼내고 폄하하는 대신 좀 더 넓은 아량으로 대하려고요. 어른들도 그러는데 너희도 충분히 그럴 수 있다고 말이에요. 질책하지 않아도 아이들은 잘못을 알고 있고 스스로를 부끄러워합니다. 혼내는 대신 너그러운 미소와 격려를 보내야겠습니다. 내가 원더우먼이 될 수 없는데, 원더키즈를 바랄 수 있을까요? 아이들에게도 가끔은 일탈과 자유로움이 필요하답니다.

2장

엄마가 꼭 알아야 할 아이의 속마음

: 내 아이인데도 모르겠어요

상담 갈 때 뭐 사가지?

학기 초에 학부모님을 처음 뵐 때면 몹시 긴장된답니다. 교실 바닥을 말끔히 쓸고, 다른 어느 때보다도 책상 줄을 반듯이 맞춰 놓습니다. 거울 앞에 서서 명찰이 바르게 달렸는지, 삐뚤어지지는 않았는지 매만져봅니다. '이 정도면 괜찮겠지?' 하고 살짝 웃어보기도 합니다.

아이 엄마는 회사 눈치를 보며 조퇴하고 정신없이 학교에 옵니다. 엄마가 학교에 오는 날이어서 그런지 아이는 아침부터 눈에 띄게 들떠 보입니다.

엄마는 학교에서 아이가 잘 지내는지 궁금합니다. 친구들과 잘 지내는지, 수업 시간에 선생님 말씀 잘 듣는지, 수업 내용을 잘 따라가고 있는지 이것저것 물어봅니다. 잘하고 있다는 말을 들으면 엄마는 그제야 마음을 놓습니다. 하지만 그렇지 않다는 말을 들으면 엄마는 걱정을 한 짐 안고 돌아갑니다. 앉는 자세가 바르지 않다거나 친구들과 자주 다툰다는 이야기를 들으면 그날 저녁부터 당장 아이를 바로잡으려고 합니다. 참 이상하지요? 그전까지는 별로 눈에 띄지도 않았고, 문제라고 생각하지 않았는데 말이죠.

선생님 상담 한번 다녀왔다고 해서 아이를 다그치지 마세요. 그저 아이를 바라보는 또 다른 시선일 뿐입니다. '아, 학교에서는 저렇게 스트레스를 푸는구나!' 혹은 '수학 공부에 흥미를 잃고 있구나!' 하는 정도로 받아들이면 좋겠습니다. 당장 문제점을 해결하려고 들지 마세요. 그저 이해하는 마음만으로 충분합니다. 아이가 어떤 것에 어려움을 느끼는지를 모른다는 것은 무관심이지만, 선불리 해결하려 드는 것은 과욕입니다.

그렇다면 왜 굳이 상담을 가야 하는 걸까요? 아이의 불편함이나 어려움을 아예 모르는 것과 조금 멀리서 지켜보는 것은 다르기 때문입니다. 갑자기 아이의 짜증이 늘어나거나 평소와 달리 쉽게 화를 낸다면 선생님과의 상담을 떠올려보세요. 그럼 '짜증 날 만하겠네', '화내는 이유를 조금은 알겠어' 혹은 '잘 안 돼서 힘든 거구나!'라는 마음이 들면서 아이를 조금 부드럽게 대할 수 있답니다. 그러다 아이가 도움을 청해 오면, 그때 엄마의 필살기를 발휘해 보세요. 아이가 부담 없이 엄마에게 기대고 고맙게 여길 거예요. 이건 간섭이 아니랍니다. 아이 입장에서 도와주는 센스 있는 엄마가 되어보세요.

선생님과 상담할 때는 아이가 무슨 문제가 있나 하고 노심초사하기보다 멋진 모습을 이야기해 보세요. 아이의 단점은 선생님도 이미 알고 있답니다. 집 못지않게 오래 시간을 보내는 곳이 학교이니까요. 함께 밥 먹고 함께 놀다 보면 고운 모습 미운 모습 모두 보게 된답니다. 굳이 걱정거리에만 집중하지 마세요.

수업 시간에 공부는 하지 않고 공룡만 그리는 아이가 있었습니다. 그 아이의 엄마가 오시면 아이가 집중력이 떨어지고, 관심 있는 것만 하려 한다고 말해 주고 싶었죠. 그런데 그 아이 어머니는 이렇게 말씀하셨어요.

"선생님! 우리 인영이 정말 사랑스럽지 않아요? 어린 동생한테도 얼마나 친절한지 몰라요. 마음이 따뜻해서 작은 벌레 한 마리 못 죽이고요. 어릴 때부터 공룡에 무척 관심이 많더라고요. 집에서도 공룡만 그리고 공룡 책만 본답니다. 어찌나 집중을 잘하는지 모르겠어요."

그 순간 저는 가슴을 쓸어내리며 생각했습니다. '내가 무슨 말을 하려고 했지? 저렇게 예쁜 점이 많은 아이인데 말이야.' 아이 이야기를 하면서 웃고 있는 엄마 모습은 너무나 보기 좋았답니다.

어떻게 보는지는 각자의 마음에 달린 것 같습니다. 같은 모습도 어떻게 보느냐에 따라 문제가 있는 행동이 될 수도 있고 장점이 될 수도 있습니다. 선생님은 부족한 점으로 여긴 것을 엄마는 한없이 사랑스럽게 보는 겁니다. 엄마가 아이를 그렇게 바라보면 선생님도 긍정적인 프레임을 갖게 되지요. 선생님을 만났을 때는 우리 아이의 좋은 모습을 많이 이야기하세요. 선생님보다 아이를 먼저 만난 사람으로서 아이에 대한 귀한 정보를 귀띔해 주세요.

선생님과 이야기를 나누다 보면 엄마가 놓치고 있던 것을 얻기도 한답니다. 아이가 요즘 이성 친구에 관심이 많다고 생각했는데, 알고 보니 진로에 대해 자주 묻고 고민한다는 이야기를 듣기도 합니다. '한 마을이 아이를 키운다'는 말이 있습니다. 아이 하나를 키우려면 온 마을이 필요하다는 뜻입니다. 가끔은 부모가 아닌 다른 사람의 눈과 귀로 아이를 바라보고 귀 기울여야 합니다. 선생님과 엄마가 서로 아이에 대한 정보를 나누고 좋은 시선으로 바라보면 아이는 더 크게 성장할 수 있습니다. 엄마와 선생님은 아이가 온전히 행복을 누리고 즐겁게 살아갈 수 있도록 도와주는 사람들이니까요.

오랜만에 친구네 집에 가면 어떻게 하시나요? 커피 한잔 마시면서 편하게 이야기를 나누지 않나요? 선생님을 만날 때도 부담 없이 이야기를 나눈다고 생각하면 됩니다. 엄마의 부드러운 말투에서 아이에 대한 확고한 가치관을 느끼면 선생님으로서 정말 마음이 놓입니다. '나도 저 학부모님처럼 멋진 사람 되고 싶다'는 생각이 들기도 하죠. 근사한 미소, 인자한 눈빛, 끄덕이며 공감해 주는 엄마의 모습에서 멋진 자녀의 모습을 함께 본답니다. '아, 엄마를 닮아서 그 녀석이 참 맑았구나!' 하고요.

아이의 담임을 만난다는 것은 어찌 보면 또 다른 인생 친구를 만나는 것입니다. 제 아이가 아니었다면 결코 만나지 못했을 인연이니, 얼마나 귀한 만남인가요? 표면적으로는 담임과 학부모의 만남이지만 자칫 놓치고 살았던 인생의 가치나 소소한 행복을 새롭게 깨닫는 시간이 되기도 합니다. 한 번의 의례적인 상담으로 끝내지 말고 계속 인간적인 교류를 하다 보면 서로에게 도움이 될 것입니다. 물론 아이에게도 더없이 좋고요. 자주 만나 이야기를 나누고 싶은 생각이 든다면 아이를 위해 그보다 더 좋은 관계가 없을 겁니다.

아이 대신 숙제하는 엄마

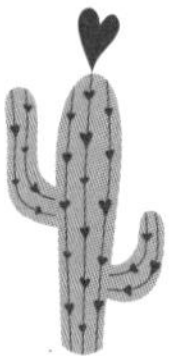

"선생님, 노은이가 오늘 숙제를 못 해 갔어요. 어제 머리가 아프다고 해서 좀 쉬라고 했거든요. 혼내지 말아주세요."

"선생님, 오늘 과제가 뭐예요? 지혁이가 숙제라면서 뭔가 설명을 하는데 못 알아듣겠어요. 자세히 설명 좀 해주세요."

"선생님, 내일 준비물이 뭔가요? 녀석 알림장에 아무것도 안 적혀 있어서요."

"선생님! 사진값은 금요일까지 내면 되나요? 현장 체험 학습은 언제까지 신청하면 되죠?"

카카오톡이 끊임없이 울립니다. 엄마들의 메시지입니다.

요즘 엄마들은 너무나 바쁩니다. 회사에 다니고, 가정 살림을 맡고, 가끔 친구를 만나 수다도 떨어야 하지요. 그 와중에 아이들 학교 준비물이며 숙제를 챙기느라 엄마가 학교에 다니고 있는 것이 아닌가 하는 착각이 들 정도입니다. 그런데 왜 그렇게 바빠야 할까요? 《즐거운 양육 혁명》, 《똑게육아 올인원》을 보면 부모들에게 게을러도 좋다고 이야기하고 있습니다.

엄마들은 왜 그렇게 신경 쓸 일이 많은 걸까요? 엄마가 아이를 전적으로 신뢰하지 못하고, '과제 분리'를 하지 못했기 때문입니다. '과제 분리'는 심리학 제3의 거장으로 불리는 알프레드 아들러가 도입한 개념입니다. '그 선택이 가져올 결과를 최종적으로 받아들이는 사람은 누구인가?'라는 질문을 던짐으로써 타인의 일에 대한 개입 여부를 따져볼 수 있다고 조언합니다. 아이가 숙제를 하지 않고 준비물을 챙기지 않았을 때 생기는 결과에 대해 엄마가 책임을 져야 하는가 아니면 아이 스스로 받아들여야 하는가에 대한 문제이지요. 결과를 놓고 보면 아이가 오늘 숙제에 대해 아무것도 모른다고 해도 굳이 엄마가 나서서 선생님께 물어볼 이유가 없다는 것입니다. 과제 분리가 잘 되는 엄마일수록 아이에게서 더 자유롭고 여유로울 수 있답니다.

아이 스스로 책임질 때 자기 효능감이 높아집니다. 숙제를 스스로 하는 아이들은 자신이 끝까지 과제를 해낼 수 있다고 믿지요. 자신에 대해 높이 평가할수록 문제 해결력을 키울 수 있습니다. 그러므로 일상에서 아이가 '자주', '작은' 성공을 경험하는 것이 중요합니다. 엄마는 조금 답답하더라도 학교 숙제나 준비물에 대해 깊이 관여하지 않는 것이 좋습니다. 자존감 높은 아이로 성장하기를 원한다면 숙제 조금 못했다고 해서 크게 야단칠 필요는 없겠지요?

아이에게 권한을 넘겨줄수록 진정으로 자립하게 됩니다. 교육의 목적은 피교육자의 '사회적 자립'에 있습니다. 아이가 엄마에게 의지하지 않게 하려면 엄마가 먼저 아이의 일을 떠안지 않아야 합니다. 아이 일은 아이에게 맡겨야 합니다. 엄마가 아이의 일까지 떠안고 힘들어한다고 해서 아이에게 더 좋은 것은 아니라는 점을 깨달아야 합니다.

아이가 스스로 해나가면 엄마에게 '숨 쉴 틈'이 생깁니다. '바쁘다, 바쁘다' 하고 하소연하지만 사실 엄마 스스로 바쁜 삶을 택한 것은 아닐까요? 먼저 아이의 과제에서 살짝 벗어나 보세요. 그러면 훨씬 여유로워집니다. 아이와의 부드러운 관계가 틀어지지 않습니다.

현명하게 과제 분리를 하려면 어떻게 해야 할까요? 아이가 자꾸만 해야 할 일을 하지 않으면 어떻게 하죠? 숙제를 안 할 뿐 아니라 숙제가 뭔지도 모르는 날도 많습니다. 한숨이 나오고 답답한 노릇이지만 어찌 보면 당연하다는 생각도 듭니다. 숙제는 그다지 흥미로운 일이 아니니 관심이 없을 수밖에요.

"오늘 숙제 뭐야? 도대체 학교에서 뭐 하는 거야? 어떻게 숙제도 모를 수가 있니?" 이렇게 야단치는 순간 아이와의 관계는 깨지고 맙니다. 아이는 입을 꾹 다물어 버립니다. 아이는 천하태평인데 엄마 혼자 속을 끓이게 되죠. 매번 선생님께 물어볼 수도 없는 노릇이니 화가 치밀어 오를 겁니다.

그렇다면 숙제나 준비물 챙기기를 어떻게 해야 아이와 엄마 모두 행복할까요? 아이 스스로 하면 더할 나위 없을 텐데 말이에요.

어린 나이일수록 엄마가 대신하지 말고 단계별로 도전 과제를 제시합니다. 처음부터 너무 큰 과제를 주면 아이들은 시작도 하기 전에 주눅이 들어버립니다. 스스로 하라고, 혼자 끝내라며 나 몰라라 하기보다는 곁눈으로 살펴주어야 합니다. 잘하나 못 하나 감시하는 것이 아닙니다. 안 보는 척 살피고, 관심 없는 척 지켜보는 것입니다. 아이가 무언가를 할 때는 '딱 적당한 거리'를 두세요.

과제 해결 능력을 키워주기 위해 가장 필요한 것은 기다림입니다. 아이 혼자 무언가를 시도하고자 할 때까지 기다리는 것입니다. 오랜 시간이 필요한 아이들도 있습니다. 미리 다그치거나 끌고 가려 하면 오히려 반항심에 단단히 버틸지도 모릅니다. 비록 오래 걸리더라도 스스로 동기를 가지고 시작한 일은 아이가 끝까지 마무리하게 마련입니다. 하지만 외부의 강요로 억지로 시작한 일에는 집중하기 어렵겠죠.

처음부터 끝까지 하나하나 알려주다 보면 아이는 쉽게 포기해버립니다. 아이의 얼굴에 막막한 기색이 떠오를 때 도와주세요.

"엄마, 나 이번 글짓기 대회에서 1등 하고 싶은데 도와줄 수 있어요?"

"엄마! 어떡해야 보기 좋게 만들 수 있을까요?"

아이가 좀 더 잘해 보고 싶은 마음에 도움을 요청하면 그때 나서는 겁니다. 대신하는 것이 아니라 아이가 더 잘할 수 있도록 조금만 도와주는 겁니다. 아이가 잘못하거나 해야 할 일을 하지 않은 것에 대해서는 본인이 책임지게 하는 것이 중요합니다. 그래야 스스로 도전하게 될 테니까요.

마지막으로 언제나 믿어주세요. 아이를 진심으로 믿어줄 때, 아이는 자신이 엄마와 대등하다고 여길 겁니다. 그러면 아이는 엄마에게 의존하지 않고 당당히 자신의 과제를 해결해 나갈 수 있답니다. 이것이 바로 엄마도 여유롭고 아이도 행복한 길이겠지요.

'말 잘 듣는 아이'가 위험하다?

애호박을 고를 때면 늘 언짢은 마음이 들곤 합니다. 크기와 모양이 다 똑같아서 왠지 자연스럽지 않은 겁니다. 집에 가져와 비닐을 벗기려면 딱 달라붙은 모습도 도무지 매력이 없습니다. 간혹 비닐에 적힌 글자가 애호박에 찍혀 있기도 합니다. 여수에서 온 애호박도, 진주나 안동에서 온 애호박도, 굵기 5센티미터에 길이 20센티미터 안팎으로 똑같은 크기랍니다. 이른바 인큐베이터 애호박이지요. 이런 방식으로 재배하면 외부 유해물질을 막아주고, 동일한 규격으로 상품성도 좋다고 합니다.

비닐 속에 꽉 끼워진 똑같은 모양의 애호박을 보면서 아이들이 떠올랐습니다. 교실이라는 틀 안에서 자라는 아이들 말이에요. 틀이

느슨해지지 않는 한, 하고 싶은 것, 가고 싶은 곳이 각자 다른 아이들에게 더 이상 자유로움과 아름다운 개성을 느낄 수 없습니다.

어릴 적 저는 엄마 말을 잘 듣는 아이였습니다. 엄마가 입고 가라고 하면 초여름 무더운 날씨에도 긴 멜빵바지를 입고 학교에 갔습니다. 울지 말라고 엄하게 꾸짖으시면 가슴이 터질 것 같아도 꺽꺽 울음을 삼켰습니다. 그때의 기억이 여전히 상처로 남아 있나 봅니다. 지금도 생생히 떠오르는 것을 보면 말이에요. 연필을 이렇게 쥐라고 하면 이렇게 쥐고, 9시까지 들어오라고 하면 그 시간을 절대 넘기지 않았습니다.

사춘기 때 반항 한번 해보지 못한 저는 뒤늦게 스무 살이 넘어 질풍노도의 시기를 겪었습니다. 억눌렸던 감정과 내 마음대로 할 수 없었던 순간들, 싫어도 지켜야 했던 규율들이 제 마음속에 차곡차곡 쌓여 있었던 것입니다. 무언가 답답하고 묵직한 것에 눌리는 꿈을 해마다 한두 번씩은 꾸곤 했습니다. 비닐을 터트리고 나오지 못한 애호박처럼 자라던 저는 뒤늦은 나이에 곪은 종기가 터지듯, 한바탕 큰 홍역을 치른 다음에야 힘들게 자아를 찾았습니다.

어른들은 적절한 훈육과 엄격함이 필요하다고 말합니다. 상품성과 병충해 예방을 위한 비닐 재배처럼 말이에요. 그런데 적절한 훈육이란 누구를 위한 것일까요? 훈육이라는 이름으로 가해지는 수십 가지의 행동 양식과 규제들은 무엇을 위한 것일까요? 울퉁불퉁하지 않고 매끈한 애호박은 도마 위에 놓고 톡톡 자르기 편합니다. 똑같은 크기와 모양은 상자에 담기 좋죠. 하지만 그런 편의성과 수월함을 기준으로 아이들을 키우지 않았나 하는 생각이 듭니다. '마치 아이들을 애호박 다루듯이 한 것은 아닐까?'

말 잘 듣는 아이로 자란 저는 말 잘 듣는 아이를 키워내고 있습니다. 마음속에 남은 분노, 해소되지 못한 저항감, 규율에 대한 억눌림을 여전히 간직한 채로 말입니다. 제가 정한 규칙을 따르지 않는 아이들을 볼 때마다 불편하고 화가 났습니다. 아이가 자기 뜻대로 하려 들고 제 말을 무시한다 싶으면 영락없이 화가 치밀어 올랐습니다. 제 안에 잠재된 위험한 독이 표출되는 것이었지요. 그렇게 한번 고착된 육아와 교육방식은 대물림되고 있었습니다. 저는 말 잘 듣는 아이로 자랐고, 두 자녀와 담임을 맡은 수십 수백 명의 아이들마저 말 잘 듣는 아이로 키우려고 합니다. 비닐에 달라붙은 애호박처럼 말이에요.

말 잘 듣는 아이로 만드는 것은 고유의 자율성, 창의성, 책임감, 자아 존중감 등을 빼앗는 행위와 같습니다. 아이의 개성을 무시하고 일방적으로 끌고 가는 것입니다. 말 잘 듣는 아이는 어느덧 자신보다 남을 믿습니다. 자기 생각에는 자신 없고 다른 사람의 말이 더 옳아 보입니다. 일상은 선택의 연속입니다. 그런데 오로지 타인의 견해만을 묻는다면 자신의 삶을 사는 것이 아닙니다.

타인의 기분만 살피고 의중을 헤아리려고 애쓰는 아이들의 모습이 안쓰럽지 않나요? 그런 아이들은 어느 순간 자아가 사라지고 내면의 소리에 귀 기울이지 못할 것입니다. 자신이 좋아하는 것과 싫어하는 것에 대한 확신이 사라집니다. 이러한 상황이 거듭되면 불만이 싹트게 됩니다. 완벽하게 수동적인 태도를 유지한다던가 혹은 그와 반대로 어른들의 강압적, 지시적 언행에 반기를 들게 되죠. 이유 없이 무조건 불만을 갖게 되고 혐오감을 느끼게 되기도 합니다. 그렇게 되면 포악한 자아가 형성되어 상황이나 사건의 정황을 살피지도 않고 부모님과 선생님의 말을 무조건 듣지 않게 됩니다. 무조건적인 반항으로 자기표현을 하는 것입니다.

어른 말 도통 듣지 않는 멋진 아이로 키우기

애호박과 달리 용기 있는 아이들은 종종 학교를 탈출하고 어른들이 정해놓은 틀을 벗어납니다. 《학력파괴자들》(정선주)을 보면 '말 안 듣는 아이들' 이야기가 나옵니다. 스티브 잡스, 토머스 에디슨, 워런 버핏은 어른들의 말을 잘 듣기보다는 자신의 열정과 내면의 소리에 귀 기울인 사람들입니다. 이 책에서는 '학교 안 모범생이 아닌 학교 밖 모범생들'의 가치 있는 삶을 엿볼 수 있습니다.

세계에서 가장 많은 특허품을 남긴 에디슨. 2주일에 하나씩 발명 특허를 낸 그는 항상 두툼한 수첩을 지니고 다녔습니다. 세상 떠날 때까지 그렇게 채운 수첩이 3,400개나 된다고 합니다. 그는 영감이 떠오를 때마다 그것을 수첩에 적는 메모광이었습니다. 다른 사람들과 담소를 나누거나 식사할 때도 메모를 하고 발명으로 연결했죠. 그런데 저는 수업 시간에 그림을 그리거나 멍하니 창밖을 쳐다보는 아이들에게는 내 말에 집중하라고 다그쳤습니다. 하지만 이제는 이렇게 말할 겁니다. "수업 중에는 적당히 집중하렴. 네가 재미있는 것만 골라 듣고, 그것과 관련된 수많은 너의 생각들에 집중하렴." 인류 최고의 발명왕 에디슨은 학습 장애아였습니다. 어떻게 한 사람에게 이처럼 극적으로 모순된 수식어가 나란히 붙게 되었을까요? 바로 잣대의 문제입니다. 집중력이 약한 것인지 호기심에 충만한 것인지 섣불리 판단할 수는 없는 일입니다.

어린아이일수록 호기심과 욕구로 충만하여 수없이 도전하고 시험합니다. 자신의 열망에 더 즉각적이고 더 강력하게 반응합니다. 그래서 엄마 아빠가 부르는 소리도 못 듣고 자기가 하고 싶은 일을 합니다. 바퀴 달린 자동차를 굴려보는 손길, 눈매, 입 모양, 쪼그려 앉은 채로 미동도 하지 않는 집념은 경이로울 정도입니다. 불도 켜지 않은 채 방구석에서 책에 푹 빠져 한 번에 수십 권을 읽어내기도 합니다. 그러다 자기 방에서 나오면 지구에 막 착륙한 외계 아이처럼 전혀 다른 모습으로 떼를 쓰고 소란을 피우죠.

몸 전체가 자유로움 덩어리인 아이에게 조언하고 간섭하는 것이 과연 옳은 걸까요? 지나친 조언과 간섭은 아이에게 소중한 것들을 죽이는 무서운 살충제가 될 수도 있습니다.

지금은 '아이에게 말을 아끼자'라고 저 자신을 다독입니다. 하루 동안 딸아이에게 '하지 마라', '해라'는 말을 얼마나 많이 했는지 돌아봅니다. 딸아이가 제게 허락을 구할 때면 미안한 마음마저 듭니다. 제가 편하자고 아이의 행동을 제한한 점을 반성합니다. 영상매체에서 자유분방한 아이들을 볼 때면 한없이 부러워하면서도 정작 우리 아이들에게는 그러한 개성을 빼앗고 있었습니다.

학교 가는 딸아이에게 "선생님 말씀 잘 듣고, 수업 시간에 딴짓하지 마라!"라고 외치지 맙시다. 싫어하는 것을 거부할 수 있는 용기를 심어주세요. 발랄하고 발칙한 아이로 커 나갈 수 있도록 응원합시다. 공부 잘해서 취업 잘하고 돈 잘 버는 인생이 정답은 결코 아닙니다. 하고 싶은 대로 하면서 자유롭게 사는 것은 어떨까요?

어른들의 질문과 권유에 '예'라고 순응하는 아이 말고, 자신의 목소리를 내는 아이로 커 나가기를 바랍니다. 아이 때가 아니면 언제 자기 멋대로 해볼 수 있을까요? 원래 마음대로 하는 것이 아이의 습성입니다. 아이에게 울타리를 치지 마세요.

학교 시스템은 여전히 맹목적으로 추종하는 아이들을 양산하고 있습니다. '나비는 어떻게 해서 날 수 있을까? 날개가 어떤 기능을 하지? 자동차는 어떻게 달리는 걸까?' 등등 수없이 질문하고 생각하는 교육을 기대하기 어렵습니다. 대상이나 현상의 근본적인 것에 대한 질문과 토론 대신 시험과 규제라는 울타리에 학생들을 가둬둡니다.

하지만 저는 아이들과 함께 조금은 다른 삶을 살고 싶습니다. 우리 뜻대로 자유롭게 사는 삶 말입니다.

아이들의 자유를 존중하겠습니다. 보장할 수는 없지만 인정하겠습니다. 각자의 요구와 욕망대로 생각하고 행동할 수 있도록 저의 의견을 강요하지 않겠습니다. 수업 중에 집중하라고 말하지 않겠습니다. 한 가지 생각에 몰두하는 아이를 존중하겠습니다. '잠깐만요. 이것만 하고요!'라고 하던 일을 계속 붙들고 있는 아이들을 다그치지 않을 것입니다. 아집과 강압의 틀을 부숴낼 수 있도록 변할 것입니다.

모두 다른 색깔과 크기와 문양으로 저마다의 높이에서 각자의 꽃을 향해 날갯짓하는 나비가 될 수 있도록 귀여운 애벌레들을 가만히 지켜볼 것입니다. '사랑스러운 아이들아, 너의 인생을 살아라. 매 순간 너의 결정에 따라. 아이스크림 하나를 고를 때조차 네가 원하는 대로 하렴.'

선생님 말씀, 엄마 말씀, 어른들과 다른 사람들 의견에 토를 달지 못하고 숨죽여 지낸 안타까운 제 어린 시절을 잊지 않을 겁니다. 스스로 원하는 것을 무시하고 외면한 어린 날의 여리고 소중한 저에게 위로의 말을 전하고 싶습니다. '괜찮아 이제.'

'안 하면 안 돼요?' 뭐든 다 귀찮은 아이

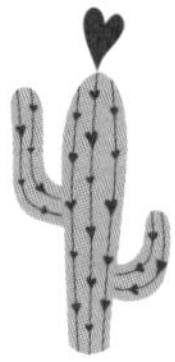

한 어머니가 초등학생 아들과 함께 카페에 들어왔습니다. 어머니는 아들에게 뭘 먹을지 물었고, 아들은 카라멜 마키아토를 먹겠다고 했습니다. 그러자 어머니가 이렇게 말했습니다. "그냥 녹차라떼 마셔!" 저는 순간 깜짝 놀랐습니다. '조금 전에 뭐 마실 거냐고 물어보지 않았나?' 아들은 엄마가 원래 그러려니 하는 듯 아무 말이 없었습니다. 제 눈에는 제 결점이 보이지 않습니다. 그러다 타인의 행동에서 제 결점을 발견하곤 합니다. '나도 저렇게 아이 생각을 짓밟은 적이 있지 않을까? 몸에 안 좋다고, 위험하다고, 아깝다고, 귀찮다고……'. 나름의 온갖 이유를 대면서 아이들의 의사를 무시하지 않았던가. 그 어머니를 비난할 수 없었습니다. 바로 제 모습이었으니까요.

“음악 작업에 몰두하느라 멋 부리는 시간이 아까웠다”며 자신의 트레이드마크인 모자를 꾹 눌러 잡는 춤꾼 양현석. 그는 현재 우리나라에서 모르는 사람이 없을 정도로 유명한 프로듀서이자 사업가이자 뮤지션입니다. 하지만 우리는 그의 현재 모습을 볼 뿐입니다. 자신의 꿈에만 몰두해서 미친 듯이 춤만 췄던 그의 과거를 종종 잊곤 합니다. 하지만 그러한 과거가 있었기에 현재의 그가 있는 것입니다.

반면에, 오로지 연습에만 전력을 쏟아야 한다며 모든 것을 통제하는 엔터테인먼트 회사에서 마지못해 춤을 추는 연습생들은 과연 행복할까요? 돈이 없어 굶어도, 춤출 곳이 없어도, 춤추는 것밖에 할 줄 모른다고 무시당하고, 연습하다 상처를 입어도 왜 스무 살 양현석은 지칠 줄 몰랐을까요? 오히려 그 시간이 행복했다고 어떻게 말할 수 있을까요?

열정을 끌어올리고, 힘을 솟구치게 하고, 지칠 줄 모르고 몰두하게 하는 힘은 바로 자율성, 자기 의지라고 생각합니다. 자율성이 침해당하는 순간 원동력을 점차 잃게 되고, 종국에는 자신의 꿈이 무엇이었는지조차 잊고 마는 것입니다. 자신의 의사가 무시되고, 타인에 의해 행동이 제어되고 강요받다 보면 점점 더 무기력해질 뿐입니다.

일본에는 ‘히키코모리’라는 사람들이 있습니다. 우리말로 옮기면 ‘은둔형 외톨이’라고 할 수 있죠. 우리나라에서도 2017년 5월 기준으로 최소 30만 명이 넘는 사람들이 ‘은둔형 외톨이’인 것으로 조사되었습니다. 그들은 화장실에 갈 때 외에는 자기 방에만 틀어박혀 있습니다. 도대체 무엇이 그렇게 만들었을까요? 가정불화, 집단 따돌림, 관계에서 오는 스트레스, 중압감 등 여러 요인이 있을 것입니다. 그중 상당 부분 영향을 준 것이 부모와 교사의 통제와 강압이 아닐까 생각합니다.

언젠가 〈리얼다큐〉에서 이와 비슷한 주제를 다룬 적이 있습니다. 모든 것이 귀찮고 하기 싫고 의미 없는 상태에 놓인 사람들. 그들이 스스로를 방 안에 감금하게끔 한 것이 분명 있었습니다. 일상에서 뭐 하나 자유롭게 선택하지 못했던 그들은 결국 게임, 도벽, 음주, 폭식 등에서 돌파구를 찾고 그것에 중독된 것입니다.

무엇이든 귀찮아하던 세 아이가 떠오릅니다. 저 또한 그 아이들의 자유를 옭아매고 숨 막히게 했습니다.

5학년 승훈이는 덩치가 매우 큰 아이였습니다. 교실에서 승훈이는 한결같은 모습으로 앉아 있었습니다. 의자 끝까지 엉덩이를 끌어내려 웅크리고 앉아 초점 잃은 눈으로 관조하듯 바라보았죠. 말수가 없는 승훈이는 늘 이런 말을 했습니다. "그걸 왜 해? 하기 싫은데?", "해야 하나?" 혼잣말이라고 하기에는 목소리가 컸고, 대꾸라고 하기에는 구시렁거리는 것 같아 딱히 뭐라고 할 수는 없었습니다. 하지만 하루에도 몇 번이나 그 말을 들으면서 제 신경은 점점 날카로워졌습니다. 하지만 승훈이의 엄마는 그와 달리 너무나 적극적이었습니다. 알림장에 미술 대회를 안내하면 다음 날 근사하게 완성된 그림을 아이 손에 들려 보냈습니다. 미술학원 선생님의 솜씨라는 것을 그 아이도 알고 저도 알고 있었지만 엄마는 늘 그런 식으로 아이를 불편하게 만들곤 했습니다. 스승의 날에는 얼굴에 짜증과 귀찮음이 잔뜩 밴 아들 손을 잡아끌고 억지로 제게 선물과 도시락을 건네주었습니다. 제 앞에서 "싫어. 엄마가 줘!"라고 쏘아붙이는 것을 보면서 그 카네이션과 김밥을 받고 싶지 않았습니다. 승훈이의 마음도, 그 엄마의 마음도 모르는 것은 아니었지만 그 상황은 못내 불편했습니다.

1학년 상재는 참으로 유순하고 차분한 아이였습니다. 행동이 조금 굼뜨기는 했지만 친구들하고도 잘 지냈죠. 하지만 조작 활동이나 모둠 활동을 할 때면 가끔 의외의 행동을 보이곤 했습니다. 색종이를 오려 무엇을 만들거나 꾸미려고 하면 "선생님, 안 하면 안 돼요?"라고 물었습니다. "조금이라도 좋으니까 한번 해보자!"라고 하면 금방이라도 울 듯한 눈빛이었어요. 죽도록 하기 싫은 표정을 보면 더 이상 강요할 수 없었습니다. 극 활동을 하거나 게임을 할 때면 상재는 어김없이 조용히 나와서 말합니다. "선생님, 저는 안 하면 안 돼요? 그냥 보기만 할게요", "하기 싫은데, 그냥 심판하면 안 돼요?", "선생님 옆에 그냥 있으면 안 돼요?" 상재는 마치 '힘들어서 쓰러질 것 같아요'라고 말하는 어린 양 같았어요.

겨우내 소매가 까맣게 때에 절은 외투 하나씩만 입고 다녔던 4학년 쌍둥이도 그랬습니다. 덥수룩한 머리에서 냄새가 나는 쌍둥이 곁에 다가가려는 친구들은 없었습니다. 두 아이는 아침 2교시가 지나도록 나타나지 않을 때가 많았고, 느지막이 뒷문을 열면서 들어오곤 했습니다. 미술 시간 내내 크레파스를 든 채로 아무것도 하지 않고 가만히 있기도 했습니다. 인사하는 말투도 느리고, 의자에 앉아 있는 것조차 힘들어 보이는 아이들이었어요. 체험 학습 신청을 왜 하지 않았느냐고 물어보면 "가기 귀찮아요"라고 대답했습니다. 수업 시간에는 가만히 앉아 있거나 졸면서 보내고, 집에서는 밤늦게까지 게임을 했습니다. 급기야 2학기 때는 일주일에 두세 번밖에 출석하지 않았습니다. 아이들 엄마가 아무리 설득해도 소용이 없었죠. 아이들에게 세상 그 어떤 것도 특별히 재미있지도 하고 싶지도 않았던 것입니다. 아이들은 오직 게임만 할 뿐이었습니다. 아침 일찍 집을 나선 아이들은 아파트 놀이터에서 몇 시간을 앉아 있다가 학교에 오는 날도 있었습니다.

아이들의 안타깝고도
잔인한 복수극

이것은 아이들 나름의 의사 표현이었습니다. 엄마와 선생님에게 자신들이 상처받았고 많이 아프다고, 그러니 많이 사랑해 달라는 것이었죠. 하지만 지금은 자신들조차 왜 그런지 모르게 되었습니다. 이유와 목적도 없는 무서운 자해가 되어버린 것입니다. 아무리 설득하고 달래고 그러지 말라고 해봐도 아이들은 번번이 배신감을 안겨줍니다. 태연하게 속이고, 중독된 행동에만 몰두합니다. 아니면 물건을 훔치거나 집을 나가죠. 어른들은 그런 아이들을 보면서 매번 실망하고, 무너집니다. 아이들은 고통스러웠던 길고 긴 무관심, 무시, 기대, 강압, 통제의 결과를 낱낱이 드러냅니다. 어른들은 아이들이 겪은 상처만큼 가슴이 아파 보면 그들이 왜 그토록 무기력하게 살아가는지 그제서야 알게 됩니다.

답은 아주 간단한 것이었습니다. 우선 그들을 가만히 내버려두는 것이었습니다. 그런 행동을 하지 말라고, 이제 그만 정신 차리고 제대로 행동하라고 윽박지르지 않는 것이었습니다. 그다음으로는 아이들에게 '자유'를 돌려주는 것이었습니다. 어른들의 강요를 거부할 자유, 지금 하지 않을 자유, 원하는 만큼 할 자유를 말이에요. 그 안에서 아이들은 스스로 책임감을 느끼고 건강한 일상을 회복할 수 있습니다. 그러면서 적당히 한계와 절제를 알아갑니다. 마지막으로 지금 모습 그대로여도 사랑할 것이고, 떠나지 않을 것이라는 믿음을 주는 것이었습니다. 그것을 믿지 못하면 아이들은 절대 마음을 열지 않습니다.

그렇게 네 아이 모두를 잃었습니다. 그 아이들에게 조건 없는 믿음도, 완벽한 자유도 주지 못했을 뿐 아니라 약속을 어길 때마다 비난했기 때문입니다. 그들의 상처가 사랑 때문이었듯이 그들을 구할 힘도 사랑에 있었습니다. 공지영 작가의 책 제목처럼 했어야 하지 않을까요? '네가 어떤 삶을 살든 나는 너를 응원할 것이다.'

‘너는 너, 나는 나’
각자의 인생 살기

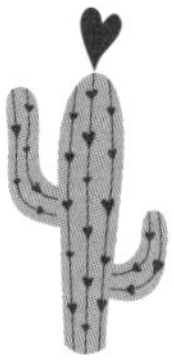

저는 삼남매 중 둘째입니다. 우리 가족은 자주 모여 여행도 다니고, 서로의 집에서 며칠씩 함께 보내기도 합니다. 모두 결혼했으니 부모님까지 온 가족이 모이면 10명이 훌쩍 넘는답니다. 하루는 언니 집에 모여 함께 식사할 때였습니다. 음식 준비며 설거지, 청소까지 언니가 도맡아 했습니다. 언니는 우리를 대접하느라 정신이 하나도 없었습니다. 저는 어린 둘째를 챙기느라 주방에 들어갈 새도 없었습니다. 동생도 마찬가지였죠. 저는 옆에 있는 남편을 다그쳤습니다. “주방에 가서 언니 좀 도와주면 안 돼! 그렇게 가만히 있지만 말고 뭐라도 좀 하란 말이야!” 남편은 한숨을 푹 쉬고는 마지못해 주방으로 갔습니다.

그런데 그날 밤 남편은 충격적인 말을 했습니다.

"음식 만들고 설거지하는 것은 충분히 할 수 있어. 하지만 일부러 안 한 거야. 처형 집이잖아. 다른 가족들이 우리 집에 오면 당연히 내가 준비하고 대접하겠지. 내가 집주인이니까. 처형이 부탁하지 않았는데도 내가 나서서 이것저것 하는 것도 실례 아닐까? 남자들은 원래 그래. 괜히 미리 나서면 참견하는 것 같아서 싫다고."

가족 모임이 부부싸움으로 번진 그날 이후로 제 생각을 돌아보게 되었습니다. 처음에는 남편의 의견에 반감도 들었죠. '설거지 하나 가지고 무슨 월권까지 운운해? 사람 많을 때는 눈치껏 도와주는 게 좋은 거 아냐?'라고 생각했습니다. 하지만 모든 사람들이 저와 같은 생각을 하는 것은 아니었습니다.

남편은 눈에 보이지 않지만, 사람마다 자신의 영역이 있다는 점을 일깨워주었습니다. 누구나 자신의 공간에서는 자기 마음대로 선택하고 행동하고 싶어 하죠. 누군가 허락도 없이 들어와서 나의 행동을 규제하고 내게 그의 생각을 강요한다면 불편하지 않을까요? 설령 어떠한 제재가 없다 하더라도 상대가 곁에 있는 것만으로도 신경이 쓰이기 마련입니다. 상대가 어린아이라도 마찬가지입니다. 문지방을 넘을 때는 조심해야 합니다. 아이 방으로 불쑥 들어가서 주도권을 행사하고 통제권을 빼앗는 일은 없어야 합니다.

사실 친정엄마가 저희 집에 오셔서 설거지하고 냉장고 정리를 해주고 찬거리를 사다 놓는가 하면 화장실 청소까지 해주어도 불편합니다. 나름대로 이유가 있어서 해놓은 일들도 엄마는 손쉽게 바꿔버리거든요. 심지어 늘 놓아두는 수세미 위치까지 바꾼답니다. 그럴 때마다 제가 작아지는 느낌이 듭니다. 할 일도 제대로 못 하고 지저분하게 산다는 느낌이 드는 것이죠. 물론 엄마는 그런 뜻이 아니라는 것을 알지만 끝내 이런 말을 내뱉고 맙니다. "엄마! 우리 집에 오면 제가 드리는 과일이나 드시고, 아무것도 만지지 말고 그냥 애들만 보고 가세요. 엄마 집도 아닌데 왜 엄마 마음대로 다 바꿔놓고 그래요?" 이렇게 말하고는 곧 후회합니다. 이런 말을 듣는 엄마의 마음은 어떨까요? 엄마가 가시고 나면 결국 저는 불편한 마음과 자책감으로 울음을 터트립니다. 엄마는 끝없이 저를 살펴보고 염려하십니다. 그래서 무엇이든 돕고 싶었겠지만 저는 가끔 속박된 기분이 들었습니다. 그런 감정이 쌓이자 무조건 엄마 말에 반대하기에 이르렀습니다. 엄마의 진심이 무엇인지 너무나도 잘 알면서도 말이에요.

아이에게서 멀어질 수 있는 용기

성인이 되어서도 엄마에게 반항하는 제가 아이들의 마음을 안다고 학부모님들께 조언을 드린다는 것 자체가 모순이라는 생각도 했습니다. 하지만 그래서 더욱 진심

어린 조언을 할 수 있지 않을까 싶었습니다. 말 잘 듣는 아이로 자랐기에, 또 한편으로는 엄마의 사랑과 염려를 중압감으로 느꼈기에 오히려 아이들의 마음을 더 잘 알 수 있다고 여긴 것입니다.

아이에게서 적절한 거리를 두는 것, 때가 되면 놓아주는 것이 얼마나 중요한 일인지 다시금 생각해 봅니다. 열 달을 품은 아이가 세상 밖으로 나오면 탯줄을 끊어주듯, 돌이 지나면 젖을 끊고 이유식을 주듯이 적절히 놓아주어야 할 때가 있습니다. 걱정이 되더라도 아이가 홀로 서는 것을 지켜봐야 합니다. 미리 나서서 도와주기보다는 아이의 가능성을 믿고 마음속으로 응원하는 것이 어떨까요? 믿음이 부족할수록 간섭이 늘어납니다.

반대로 아이에게 덜 관여하고 싶다면 아이를 무조건 믿어보세요. 아이는 충분히 잘할 수 있고, 설령 못하더라도 성장의 기회가 됩니다. 엄마의 기준, 염려, 기대, 지시, 강압을 내려놓고 아이에게 맡겨주세요. 아이에게는 맘껏 놀 자유, 삐딱해질 자유, 선택할 자유, 아무것도 하지 않을 자유가 있습니다. 통제하면 무기력해지고, 자유를 주면 책임감 있게 자란다는 것을 잊지 마세요. 오늘도 아이에게 의견을 물어봅시다.

저도 아직은 완전히 아이를 놓아주지 못하고 있습니다. 아이가 뾰족한 가위를 만지면 득달같이 조심하라고 이르고, 뛰고 뒹굴면서 노는 아이에게 다친다고 소리를 지릅니다. 하지만 조금씩 아이를 놓아주려고 합니다. 아이가 자신의 삶을 꾸려나가는 방식을 존중하겠습니다. 다쳐보기도 하고, 실패하기도 하면서 성장해 가는 것일 테니까요.

숲의 나무들은 저마다 자신의 잎을 틔우고 열매 맺습니다. 그러면서도 주위 나무에 기대지 않고 적절한 간격을 유지하며 가지를 뻗칩니다. '내 자식'이라는 말을 다시금 생각해 봅니다. 내가 낳은 자식이라고 해서 내 마음대로 할 수는 없습니다. 그의 생각대로 그의 삶을 살아가도록 놓아주는 부모가 되고 싶습니다. 부족하거나 그릇된 생각은 언젠가는 스스로 깨닫게 마련입니다. 아이 나름의 행동이 충분히 의미 있음을 누구보다 먼저 인정해 주고 어려움을 헤쳐나가는 아이에게 오히려 감사할 것입니다. '너'라는 나무는 너답게 자라나고, '나'라는 나무는 또 나답게 자라는 그런 숲을 이루겠습니다. 스무 그루의 나무가 함께 자라는 교실이란 숲도 마찬가지입니다.

《딸에게 보내는 편지》(마야 안젤루)에서 이런 구절을 보았습니다. "나는 분명 아들을 사랑했다. 하지만 지나친 집착으로 아들을 숨 막히게 할 정도로 끔찍하게 사랑하기보다 그 애가 최대한 자유롭고 남자답고 행복하게 자랄 수 있을 정도로만 사랑한다는 게 얼마나 큰 축복인지 알고 있었다." 유시민 작가의 말도 덧붙이고 싶습니다. "우리 가족은 각자 알아서 사는 스타일이에요. 저도 아내도 딸아이도." 20대 박연 작가의 말도 심금을 울립니다. "저는 나이 많은 친구 둘(엄마, 아빠)과 함께 사는 것이 재밌어요." 오늘 우리보다 어린 룸메이트에게 월권을 행사하지는 않았는지, 허락도 없이 그의 마음과 공간에 들어가지는 않았는지 생각해 봅시다. 《유대인 엄마의 힘》(사라 이마스)를 보면, 세계적인 인재와 부자들을 길러낸 유대인의 힘은 모질게 사랑하는, 자식을 넘치게 사랑하면서도 일부러 절반의 사랑을 감추는 가정 교육에 있다고 합니다. 여섯 살 난 아들이 자전거 타는 연습을 하다 진흙탕에 빠지자 아이 부모는 이렇게 말합니다. "스스로 빠져나오렴." 땀을 뻘뻘 흘리며 진흙탕 속에서 자전거를 밀고 나오는 아이에게 "아주 잘했어!"라고 말해줍니다. 안타까운 마음에 당장 달려가 도와주는 대신 아이의 몫을 온전히 남겨줍니다. 우리에게도 넘치는 사랑보다 절반의 사랑의 자세가 필요합니다.

3장

부모가 모르는 아이의 학교 사생활

: 요즘 학교가 이래요

"조용히 해!", "자리에 앉아!" 아이가 가장 많이 듣는 말

아이들에게 저는 어떤 선생님이었을까요? 저라는 한 사람이 아이들 마음속에 저마다 다른 의미로 다가갔을 것입니다. 누군가에게는 친절한 사람, 다른 누군가에게는 무서운 사람, 꼼꼼한 사람, 착한 사람, 재미있는 사람, 엄격한 사람으로 인식되었겠죠. 하지만 아이들에게 "너희 선생님은 어떤 분이야?"라고 물었을 때, 이런 대답을 듣고 싶답니다. "멋진 분이에요. 저는 선생님을 닮고 싶어요."

아이들을 만났을 때 가장 많이 했던 말은 이것이었습니다. "조용히 하세요!", "자리에 앉자!"…… 물론 어린아이들이 모여 있다 보면 소란이 끊이지 않습니다. 아직은 미숙한 아이들은 자기 입장만 내세우기 쉬우니까요. 더구나 좁은 공간에 많은 사람들이 모이니 더욱 그렇답니다. 네다섯 명이 모여 사는 가정에서도 의견 충돌이 잦은데, 스무 명이 넘는 학생들이 모이는 교실은 더하겠지요. 게다가 교실은 교육이라는 목적이 뚜렷한 공간이므로 단순히 즐겁게 놀 수만은 없답니다. 취향도 다양하고, 욕구와 수준도 서로 다른 아이들이 일정 수준의 학습을 달성해야 하니까요.

하지만 이런 점들이 획일적 관리나 통제를 정당화할 수는 없습니다. '최대 다수의 최대 행복'이라는 자기합리화에 빠지지 않을 것입니다. 그 논리 안에서 소외되는 아이들을 외면해서는 안 되니까요. 지금까지는 비교적 안정된 학생들만 신경을 썼습니다. 마음의 상처가 있거나 힘들어하는 아이들을 외면한 적이 많았습니다.

10년 이상 교직에 몸담으면서 감동, 감사, 보람보다는 미안함, 안쓰러움, 죄스러움이 더 많이 남습니다. 평범하게 학교생활을 마친 아이들보다는 제가 품어주지 못한 아이들이 더욱 생각납니다. 이미 지나간 아이들에게 사랑을 되돌려주기에는 늦었습니다. 하지만 앞으로는 한명 한명과 최대한 사랑을 나누고 싶습니다. 그것이 제게 주어진 소명임을 깨달았기 때문입니다.

마라톤에서 일정한 거리까지 선두를 끌어주며 주전 선수의 체력 안배와 속도 조절을 돕는 사람을 페이스 메이커라고 합니다. 우승 유망주 곁에서 함께 뛰며 물을 가져다주고 경쟁자와 몸싸움을 벌이며 선수의 체력을 아껴줍니다. 영화 〈페이스 메이커〉를 보면 힘겨운 오르막에서 바람이 불자 더 속도를 내어 선수 앞으로 치고 나가 바람막이가 되어주는 페이스 메이커의 모습에 감동이 솟구칩니다. 페이스 메이커는 마라톤을 완주하지 않고 30킬로미터까지만 뜁니다.

저는 학생들에게 페이스 메이커 같은 사람이 되고 싶습니다. 함께 뛰되 많이 앞서지도 뒤서지도 않을 것입니다. 아이만 뛰게 하고 편하게 차를 타고 가면서 이래라저래라 다그치지 않을 것입니다. 아이가 힘들어할 때 물 한 모금을 건네고, 바람막이가 되어주고 싶습니다. 그런 '멋진 모습'이 제게도 있으면 좋겠습니다. 편의와 안위를 생각할 때마다, 매너리즘에 빠져 초심을 잃어갈 때마다 페이스 메이커를 떠올리겠습니다.

몇 년 전부터 홈스쿨링이라는 말이 회자되고 있습니다. 더 이상 희망을 찾을 수 없다며 과감하게 학교를 떠나 배움의 길을 찾는 아이들이 늘어나고 있습니다. 인터넷 강의나 온라인 수업, 전자기기 프로그램이 학교 수업을 대신하는 경우도 많습니다. 이런 상황에서 교사가 꼭 필요하다고 주장할 수 있을까요? 엄마가 주기 힘든 것, 컴퓨터 모니터로 만나는 강사가 줄 수 없는 것, 프로그램으로 해결할 수 없는 것이 무엇인지 생각해 보았습니다. 그런 것들이 있다면, 제가 그것을 갖고 있다면 학교에서 자리를 지키겠습니다.

엄마에게는 털어놓기 조금 껄끄러운 이야기가 분명 있습니다. 오히려 친구에게 속마음을 털어놓을 때가 있듯이 말입니다. 세대 차이를 느끼지 않는 친구 같은 선생님이 있다면 아이들이 학교에 오고 싶어 하지 않을까요? 아이들은 사실 공부 말고 다른 고민이 많답니다.

인터넷 강사는 따뜻하게 손을 잡아주며 마음을 어루만져주지 못합니다. 아이들의 아픔, 불편함, 외로움을 외면하지 않고 관심과 애정을 가지고 대하겠습니다. 친구들이 따돌리고 엄마가 마음을 몰라줄 때 딱 한 사람, 아이 마음에 희망으로 남을 한 사람이 되도록 노력할 것입니다. 친구도, 엄마도, 선생님도 위로가 되지 못하는 아이들이 너무나 많습니다. 집과 학교를 뛰쳐나가 거리, 공원, 놀이터, 원룸촌, 모텔을 전전하는 아이들도 있습니다. 그 아이들에게 마지막으로 손을 내밀고, 도움과 인정, 사랑을 줄 수 있는 한 사람이 되겠다는 거대한 꿈을 가져봅니다.

유대인의 전통 도서관 '예시바'는 우리의 도서관과 사뭇 다릅니다. 일명 떠드는 도서관입니다. 그곳에서는 격의 없는 논쟁이 펼쳐집니다. 저는 치열한 토론 상대자 같은 교사가 되겠습니다. 인도 여행 중 갈색 옷을 두른 수도승들이 사원 뒤 공터에서 1초도 쉬지 않고 서로 이야기하는 모습을 인상 깊게 보았습니다. 지적인 목마름과 탐구심을 끊임없이 발산하는 아이들과 거침없이 이야기를 나눌 수 있는 선생님이 되고 싶습니다.

아이들 앞에서 한숨을 쉬고, 미간을 찌푸리며 "조용히 해!", "자리에 앉아!"라고 말하지 않는 교사가 될 것입니다. 아이가 닮고 싶은 사람으로 선생님을 꼽는다면 성공한 교육이라고 할 수 있지 않을까요? 본받고 싶고 존경하는 사람이 전해 주는 말과 행동은 저절로 아이들의 마음과 의식 속에 스며들 테니까요. 세상에 강요해서는 안 되는 것이 딱 두 가지 있다고 합니다. 바로 존경과 사랑입니다. 아이들이 진심으로 존경하고 사랑하는 사람으로 남고 싶습니다.

존 테일러 개토는 《바보 만들기》에서 이렇게 말했습니다. "학교에서는 아이들에게 명령을 따르는 법 말고는 가르치는 것이 없습니다. 한참 시를 짓고 있던 젊은이도 종이 울리면 바로 공책을 덮고 다른 교실로 달려가게 만드는 것이 학교 제도이기 때문입니다." 일개 교사의 힘으로 학교 시스템 자체를 바꿀 수는 없습니다. 다만 조금은 아이들이 자유롭고 행복할 수 있도록 용기 있는 교사가 되어보려고 합니다.

차라리
유학을 보낼까?

프랑스에서는 주관식 논술형 시험을 본다고 합니다. 시험을 보는 목적은 성적으로 아이들을 줄 세우고 상대적 평가를 하기 위함이 아닙니다. 개별 학생의 학업 성취 여부와 달성도를 알아보기 위해 시험을 봅니다. 여러 개의 선택지 중에 하나를 고르는 것이 아니라 자신의 생각을 적어야 합니다. 수학도 답을 선택하는 것이 아니라 풀이 과정을 그림이나 수식 등으로 표현하고 답이 틀리더라도 부분 점수를 받을 수 있습니다. 더불어 철학 수업을 학과 과정에 포함해 의무화하고 있습니다.

대부분의 프랑스 유치원에서는 놀이 중심으로 일과가 이루어집니다. 아이들은 매일 1시간에서 3시간 정도 야외 활동을 합니다.

사교육이 없기 때문에 학교 수업이 끝나면 취미 활동을 하거나 놀이를 즐깁니다. 프랑스의 선생님은 이렇게 말합니다. "아이들은 그저 아무것도 하지 않는 시간이 필요합니다. 그 시간은 아이들이 주변을 바라보고, 관찰을 통해 호기심을 자극함으로써 아이들의 두뇌가 창의적으로 바뀔 수 있는 원동력을 제공하지요."

교육 강국인 핀란드의 교육 핵심은 평등 교육, 신뢰받는 교사, 자유분방한 예술 교육이라고 봅니다. 학습 능력이 떨어져 중간에 포기하는 낙오자가 없도록 나라에서는 적극적으로 그들을 위한 예산을 지원합니다. 단 한 명도 포기하지 않는 것이 바로 평등한 교육입니다. 핀란드의 학교에서는 이러한 평등 교육을 실현하고 있습니다.

핀란드도 프랑스와 마찬가지로 사교육이 없습니다. 핀란드 학교에서는 학생의 복지를 최우선으로 생각합니다. 아이들은 집처럼 학교에서 신발을 벗고 자유롭게 돌아다닙니다. 무리를 지어 떠들거나 이야기를 나누고 공부합니다. 한 교사는 이렇게 말합니다. "즐겁게 배우지 않으면 배운 것도 잊게 된다." 핀란드에서 교사는 교육 전문가이자 교육 철학자이며 학부모와 학생들에게 가장 존경받는 직업입니다. 핀란드의 한 엄마는 이렇게 말합니다. "네가 하고 싶은 일이라면 무엇이든 괜찮아." 어린 시절의 다양한 경험이 미래의 가능성을 열어주고 즐거운 일상을 선물한다는 신념으로 핀란드의 학교에서는 예술 교육을 하고 있습니다.

그들은 아이들에게 '휴식과 쉼'이 필요하다는 것을 알고 있습니다. 수업이 끝나면 아이들이 과제를 하는 것이 아니라 친구와 함께 놀고, 가족과 시간을 보내고, 관심 있는 활동을 할 수 있는 시간을 가져야 한다고 말합니다. 그 시간에 아이들은 저마다 스포츠 활동, 책 읽기, 음악 듣기 등 자신이 하고 싶은 것을 합니다. 아이들이 삶을 즐기고 행복을 누릴 기회와 시간을 주는 것입니다.

부모와 학교는 아이 때 경험할 수 있는 것을 것들을 최대한 지원하고자 노력합니다. 핀란드의 아이들은 자연 속에서 뛰어놀고, 곤충을 관찰하고, 그리고 싶은 것을 그립니다. 그리고 숙제를 하는 대신 자기가 하고 싶은 활동을 합니다. 핀란드 역시 다지선다형이나 선택형 문제가 적습니다. 국가가 주도하는 표준화 시험으로 아이들을 평가하지 않습니다. 핀란드 사람들은 학교가 행복을 찾는 곳이라고 말합니다. "자신을 행복하게 하는 방법을 발견하는 곳이 학교이다."

프랑스, 핀란드, 덴마크의 학교 교육을 다룬 다큐멘터리를 보거나 책을 통해 읽으면 끊임없이 떠오르는 생각이 있습니다. 바로 '아이들이 참 행복하겠다'는 것입니다. 한국 교육에서는 해야 할 것이 많은 반면, 그들의 교육에서는 하고 싶은 것이 많습니다. 학교는 아이들이 하고 싶은 것들을 존중한다는 것입니다. 한국의 학교에서는 아이들을 끊임없이 평가합니다. 시험 점수와 수행 평가 등으로 아이들을 비교하고 우열을 나눔으로써 주눅이 들게 하고 열등감을 조장합니다. 그러나 유럽의 교육 선진국은 아이들의 의욕을 북돋우고 즐겁게 지낼 수 있는 환경을 만들고 있었습니다. 아이들의 생각과 행동을 존중해 주는 만큼 아이들의 잠재력이 살아나는 듯했습니다.

안 되는 것, 금지하는 것, 통제되는 것은 적고 아이들이 원하는 것을 대부분 허용하는 교육이 실현되고 있었습니다. 선생님은 아이에게 끊임없이 말합니다. "잘했어, 좋아(It's ok)!" 선생님의 말이 귓가에 계속 맴돕니다. 그들을 보면서 몹시 부러운 반면 부끄러웠습니다. 아이를 대하는 선생님들의 자질이 남달라 보였습니다. 그들의 인터뷰에서는 교육 철학과 신념, 아이에 대한 태도를 느낄 수 있었습니다.

아이들이 온전히 아이답게 보낼 수 있는 시간을 준다는 점, 아이들이 누려 마땅한 것들을 침해하지 않는다는 점, 그들이 자신들의 행복과 즐거움을 누릴 수 있는 시간을 허락한다는 점, 사교육이나 과제 등이 그들의 삶을 지배하지 않는다는 점이 한국의 교육 현실과 너무나 달랐습니다.

한국의 아이들은 입시 전쟁에서 자유롭지 못한 채 아침부터 늦은 밤까지 학원을 전전하고 있습니다. 한국의 부모들은 아이들의 방과 후 일정을 계획하고 픽업을 전담하며 학습 위주의 사교육에 대한 필요성을 절감하고 있습니다.

'우리 아이도 유학을 보내면 어떨까?' 하고 고민해 본 적이 있습니다. 교사인 저조차 우리나라 학교 교육에 대한 믿음이 없었습니다. 어떤 학교를 보내든 한국 교육 시스템을 크게 벗어나지 못할 것이라는 무서운 확신이 들었습니다. 아이의 자유로움은 번번이 통제될 것입니다. 저 또한 학급의 아이들을 일괄적으로 이끌고 관리하기 급급

하니 말입니다. 이건 이렇게 해야 하고, 저건 저래서 안 된다고 늘 아이들을 설득하고 바꾸려 했습니다. '그래, 괜찮아!' '그래, 그렇게 해도 좋아!'라고 인정해 준 적은 많지 않습니다.

그러나 제가 바뀌지 않으면서 제가 있는 이곳을 비난만 하고 있어서는 안 될 것 같다는 생각이 들었습니다. 적절히 타협하고, 적당히 제 일만 하면 되는 것이 아니었습니다. 저도 아이들 앞에서 떳떳한 교사가 되고 싶습니다. 아이들이 자신의 시간, 일상, 삶을 즐길 수 있도록 노력하고 싶습니다. 저 혼자 이곳을 벗어나서 더 나은 곳으로 간다 한들 마음이 편할 것 같지 않았습니다. 그보다 더 중요한 것은 아이를 바라보는 제 생각을 바꾸는 것이라는 생각을 하게 되었습니다. 그래서 제 아이를 보내고 싶은 교실이 되도록, 제 아이가 눈뜨면 달려가고 싶은 곳이 학교가 될 수 있도록 노력하겠습니다.

글을 쓰는 제게 멘토께서 이런 말을 했습니다.

"선생님은 책을 써서 무엇을 이루고 싶으세요? 많이 팔아 인세를 남기고 유명해져서 강의를 하고…… 혹시 그런 것을 바라세요? 저는 선생님의 책을 읽고, 주위의 다른 선생님들이 더 많이 선생님과 뜻을 함께하기를 바랍니다. 그리고 많은 아이들이 보고 싶고 찾아가고 싶은 선생님이 되셨으면 좋겠어요. 어머니들이 선생님의 책을 읽고, 아이들의 아픔을 좀 더 공감할 수 있으면 좋겠어요. 힘들어하는 아이들과 학부모님들께 선생님을 꼭 한번 만나보라고 말씀드릴 수 있으면 좋겠어요. 선생님은 충분히 그렇게 하실 수 있을 겁니다. 힘내세요."

선생님이 문제일까?

'우리 아이는 선생 복이 참 많아!'라고 말하는 학부모들을 종종 보게 됩니다. 물론 학교에는 멋진 선생님들이 많습니다. 우쿨렐레를 메고 틈나는 대로 아이들과 동요를 부르는 선생님, 점심시간마다 뙤약볕에서 아이들과 함께 축구를 하는 선생님도 있습니다. 매일 아이들 과제와 학습 진도를 파악하고 피드백을 주는 선생님, 바닥에 빙 둘러앉아 함께 책을 읽는 선생님도 있죠. 아이 마음을 누구보다 잘 헤아리는 따뜻한 선생님은 아이들을 눈물짓게 하기도, 또는 웃음 짓게 하기도 했습니다. 설령 지금 그런 선생님을 만나지 못했다고 해도 실망하지 마세요. 초등학교 6년 동안 여섯 분의 선생님을 만나게 될 테니까요. 더 멋진 기회가 기다리고 있을 겁니다.

저는 카페를 무척 좋아합니다. 카페에 앉아 카페라테를 마시며 책을 읽고 음악을 듣는 시간을 즐깁니다. 그런데 그곳에서 뜻하지 않게 듣는 이야기들이 있습니다. 어머니들끼리 선생님 험담을 하는 것입니다. 저한테 하는 소리도 아닌데, 어쩌면 한 마디 한 마디가 제 가슴을 찔러서 한동안 저도 모르게 멍하니 앉아 그들의 이야기에 신경을 곤두세우곤 했죠. 제 이야기 아닌 것이 별로 없었습니다. 아이들에게 너무 엄하다, 먹기 싫어하는 음식을 끝까지 먹게 해서 아이가 급식 시간만 되면 스트레스를 받는다, 여러 번 건의했는데도 아이들이 많아서 그런지 일일이 신경 쓰지 않는다, 너무 늦게 출근한다, 아이들을 편애한다, 숙제를 너무 많이 내준다, 수업 시간에 영상을 너무 많이 틀어준다 등등.

처음에는 반발심이 솟구쳤습니다. 나름의 이유가 있지 않겠냐고 항변하고 싶었습니다. 하지만 저 역시 동료 교사들과 모여 학부모 험담을 했던 기억이 떠올랐습니다. 아이들이 하교한 다음, 같은 학년 선생님들과 모여 아이와 그 부모의 흉을 봤던 제 모습이 오버랩되었습니다. 그러고는 '그때 그렇게 안 했으면 좋았을 텐데' 하는 자괴감이 들었습니다. 학부모들도 선생님 들으라고 하는 이야기는 아니었고, 저 역시 학부모 앞에서 어떤 말도 떳떳하게 하지 못합니다. 뒤에서 신랄하게 비판하고 제 행동을 합리화하는 것이 무슨 의미가 있는 것일까요?

교사로 첫 발령을 받았을 때 저는 틈만 나면 교무실과 교장실에 불려갔습니다. 숙제를 해오지 않은 아이들을 세워두고 10분이든 20분이든 잔소리와 질타를 퍼부었기 때문입니다. 벌을 준답시고 운동장에 모아놓고 단체로 쪼그려 앉았다 일어서기를 시키기도 했습니다. 야외 수업 시간에 집중하지 않고 모래 장난을 치고 떠들었다는 이유로 말입니다. "정 선생, 여기가 군대야? 그럼 안 되지. 오늘도 소빈이 엄마한테 전화 왔어." 저는 그동안 제자리에 앉기, 준비물 챙겨 오기, 수업 중 떠들지 않기 등 온갖 항목으로 체크리스트를 만들어서 아이의 행동 하나하나를 확인하고 제어해 왔습니다.

제 자신이 누구보다 꼼꼼하고 아이들에게 관심이 많고 열정적이라고 생각했습니다. 그리고 인자하게 아이들을 놀게 하고 자못 여유 있게 학급을 운영하는 선배 선생님들을 보며 나태하다고 비난하기도 했습니다. 고작 전화 몇 통으로 학부모 민원에 덜덜 떨고 교사의 의지를 꺾느냐며 교감 선생님과 교장 선생님을 비난했습니다. 그런 날이면 퇴근 후 어김없이 슈퍼마켓에서 맥주를 사 와서 마시며 한탄을 했습니다. '나는 잘하고 있는데 주변에서 알아주지 않는다'고 다른 선생님과 학부모들을 탓했습니다. 제 자신을 돌아보지는 않고 말입니다.

그러다 제가 엄마가 되었을 때 생각해 보았습니다. 우리 아이를 저 같은 선생님에게 맡긴다면 어떨까. 억장이 무너지고 눈물이 나왔습니다. '아이가 숙세 안 해올 수도 있지 왜 혼을 내는 거야, 귀한 내 아이한테 왜 험한 말을 퍼붓는 거야, 잘못한 아이만 혼내면 될 것을 단체로 벌을 주는 이유가 뭐지, 선생이 무슨 수사관도 아니고 하나 하나 체크하고 아이들을 숨 막히게 하다니…….' 저 역시 카페에 앉은 학부모 중 한 명에 지나지 않았습니다. 10년이 지나 느낀 것들은 사실 10년 전 그날, 학부모들에게 들은 이야기 그대로였습니다.

카페에 앉아 아이들 학교 선생 험담을 하는 학부모와 역시나 그들을 험담하는 교사들이 공통적으로 가지지 못한 것이 있었습니다. 바로 책임과 사랑입니다. '교사로서 제 역할을 다했는가? 그것이 최선이었나? 아이들을 진심으로 걱정하는 마음이었는가? 내 아이여도 그렇게 했을까? 내가 편하고자 했던 행동은 아니었나? 아이를 위해서 다르게 해볼 수는 없었을까? 내 행동이 정말 합당했는가? 아이들은 어떤 기분이었을까? 아이들에게 꼭 필요한 것이었는가?' 이런 질문을 할 때마다 '아니', '아니', '아니었어'라는 대답을 하게 됩니다. 저 자신이 비참하고 아이들에게 미안한 마음뿐입니다.

저를 스쳐 갔던 중한 영혼을 가진 아이들, 그 부모님들께 사죄드리고 싶습니다. 스승답지 못하고, 심지어 어른답지 못한 모습으로 인해 그들의 마음에 자리 잡지 못했기 때문입니다. 제가 교사 역할을 조금만 더 잘했더라면, 아이의 입장에서 생각해 보았더라면 스쳐 가는 수많은 선생님 중에 하나로 그치지는 않았을 텐데 말입니다.

요즘은 교권이 사라졌다고 말합니다. 아이가 학교에서 조금만 감정이 상해 돌아와도 학부모들은 곧장 전화를 걸어 따지고 사과를 받아내려 합니다. 무늬만 선생인 사람들이 수업하지 않는 방학 때도 월급을 받는다며 그야말로 놀고먹는 직업이라고 비아냥거립니다. 매너리즘에 빠져 정체되고 의식도 없는 교사들이 많다는 것을 인정합니다. 이러한 내용으로 수많은 영화가 제작되었고, 오늘도 신문 지면을 채웁니다. 사실 주변에서 심심찮게 일어나는 일이기도 합니다.

나름대로 변명할 수도 있습니다. '그런 사람들이 태반인 세상에서 내가 뭘 할 수 있겠어?'라고 말입니다. 하지만 그런 생각에 갇혀서 변하지 않는다면 10년 후에도 지금과 똑같이 후회하고 있을 것입니다.

대안 없는 비난은 아무 의미가 없습니다. 학부모의 불평과 제안이 부당하게 느껴진다면 '이렇게 하면 이런 점이 좋지 않으니 이런 식으로 해보면 어떨까요?'라고 제안해 보겠습니다. 거절당할 것이 두려워 앞에서는 아무 말 못 하고 뒤에서 험담하는 일은 하지 않겠습니다. 진정 아이의 아픔을 어루만지고 아이를 일어서게 할 수 있는 일이라면 몇 번이든 시도해 볼 것입니다.

'욕먹지 않도록 행동해야겠다'고 생각한 적도 있습니다. 하지만 이제는 욕을 먹더라도 교사로서 제 역할을 다하려 합니다. 남을 탓하고 비난하고 책임을 전가하려는 마음이 올라올수록 제가 해볼 수 있는 일, 아직 해보지 않은 일을 찾겠습니다. 그 행동이 아이를 사랑하는 마음에서 비롯된 것이라면 욕을 먹더라도 당당할 것입니다. 남의 일처럼 적당히 가르치고 마는 편안한 삶에 익숙해지지 않을 것입니다. 그보다 아이들의 마음과 안색을 살피느라 전전긍긍하는 교사가 되겠습니다.

10년 후 어느 겨울날, 아이들 사랑을 먹고 자라 인자하게 나이 든 마흔이 넘은 교사가 카페에 앉아 있었으면 좋겠습니다. 그에게는 더 이상 스쳐 지나가는 아이들이 없습니다. '나를 살려준 선생님이라고, 내가 가장 좋아하는 사람이라고, 선생님처럼 되고 싶다'고 기억하는 수많은 아이들이 그의 곁에 있을 것입니다. 아이들에 대한 사랑과 믿음 하나로 교직에서 살아가겠습니다.

교사도 학교 가기 싫을 때 있다

가수 싸이는 좀 못생겨 보입니다. 하지만 자신감 넘치는 표정을 볼 때마다 경이로움을 느낍니다. 인상을 쓰고 뭔가 고민하는 모습은 멋있고, 익살스러운 웃음을 지을 때는 더없이 순수해 보입니다. 제가 가수 싸이를 좋아하는 이유는 다름 아닌 노력하는 모습과 열정적인 무대 매너 때문입니다. 그의 무대를 실제로 본 적은 한 번도 없습니다. 그곳에 가려면 싸이처럼 흥이 많고 미친 듯이 즐겨야 할 것 같았기 때문입니다.

하지만 싸이의 콘서트를 상상만 해도 에너지가 솟구치는 것을 느낍니다. 싸이가 등장하기 수십 분 전부터 '싸이코(싸이의 팬클럽)'들은 그가 나타나기를 기대하며 환호를 지를 것입니다. 드디어 싸이가 반짝이는 옷을 입고 혹은 상의는 아무것도 걸치지 않고 나타나면 분위기는 더욱 격앙되고 환호성은 더욱 커져 귀가 안 들릴 지경이 되겠죠. 노래 한두 곡에 싸이는 땀을 비 오듯 쏟을 것이고, 그의 미친 듯한 숨소리, 노랫소리, 춤추는 팔과 다리, 흔들리는 머리칼 등을 보면서 눈물을 쏟아내고 노래를 따라 부르는 관객들이 있을 겁니다. 상상만으로도 그 열기가 전해지는 듯합니다.

며칠 전 가족들과 함께 어느 식당에 들어갔을 때였습니다. 문을 들어서자마자 무덤덤한 표정으로 마주하는 주인장을 보는 순간 기분이 언짢았습니다. 유쾌하게 인사를 하며 들어가던 저는 곧 민망해지고 말았습니다. 자리에 앉아 음식을 주문할 때도 주인장의 무덤덤한 표정은 여전했습니다. 이것저것 주문을 하는데도 대답 한번 하지 않고 획 돌아서 가버립니다. '듣긴 했겠지.' 그러자 우리 가족도 덩달아 서먹해졌습니다. 왠지 빨리 먹고 나가야 할 것 같았고, 얘기를 나누기도 불편했습니다. 음식을 다 먹고 나오는데도 소화가 안 되는 것 같았고 기분이 좋지 않았습니다. 그러자 주인장에 대한 원망이 솟구쳤습니다. '내 돈 주고 사 먹는데, 이렇게 불편해야 하나? 이럴 거면 뭐하러 장사하지? 돈 벌기 싫나?'

가수가 무대에 오르기 싫다면, 요리사가 주방에 있기 싫다면, 엄마가 집에 있는 것을 싫어한다면, 아이가 학교에 가기 싫다면 얼마나 슬픈 일인가요? 그런데 제가 그렇게 살았던 것 같습니다.

매일 아침 일어나면 '아, 학교 가기 싫다'는 생각부터 했죠. 너무나 우울했습니다. 학교까지 걸어가는 출근길, 복도에서 만나는 아이들, 교실 문을 열고 들어가는 순간. 그 모든 것이 시큰둥하고, 피하고만 싶었습니다. 아이들이 곁으로 다가오면 '저리 좀 갔으면' 싶기도 했고, '오늘처럼 하늘이 맑은 날은 바다에 가고 싶다'는 생각을 했습니다. 그 식당의 주인장과 조금도 다를 바 없이 아이들을 대했던 것입니다.

아이들은 얼마나 불편했을까요? 어떤 말도 하지 않는 식당의 주인장을 보면서 저희 가족이 불쾌했듯이 말입니다. 교실에서 저는 아주 많은 순간 불만 쌓인 표정과 진심 없는 마음을 드러냈을 것입니다. 그러면서 아이들에게 화산에 대하여, 때로는 민주주의에 대해 이야기했겠죠. 아이들과 시를 읊고 노래를 부르고 운동을 할 때 제 표정은 싸이처럼 열정으로 넘치지만은 않았을 것입니다. 그런 선생님을 보고 아이들은 또 얼마나 흥미를 잃었을까요? 새삼 아이들에게 미안합니다. 그리고 노력하기는커녕 아무 생각 없이 하루하루를 보냈던 시간을 되돌아보며 반성하게 됩니다.

《꿈꾸는 다락방》, 《생각하는 인문학》, 《리딩으로 리드하라》 등의 책을 통해 많은 생각 거리를 남긴 이지성 작가님도 초등학교 교사였습니다. 지금은 학교를 떠났지만 실로 많은 아이들에게 사랑과 교육을 실천하신 분입니다. 그분은 강의에서 이런 말씀을 하셨습니다.

"아이들은 학교에 정말 오고 싶어 했어요. 집에 가면서 '내일은 또 뭐 해요?'라고 물으며 돌아서는 아이도 있었습니다. 매일 학교에 오면 기상천외한 것들을 하고 놀았거든요. 운동장에서도 교실 바닥에서도 아이들이 하자는 대로 신나게 놀았죠. 덕분에 아이들은 기대에 차서 내일을 기다렸습니다."

소풍 가기 전날, 여행가기 전날에는 너무 설레서 잠이 오지 않습니다. 무엇을 하게 될지 궁금하고 마음이 들떠서 잠을 설치고도 아침에 번쩍 눈이 떠집니다. 엄마의 잔소리도 대수롭지 않게 넘기고, 무거운 짐도 별로 성가시지 않죠. 학교 가는 기분이 이렇다면, 내일 학교 갈 생각에 마음이 들떠서 잠들 수 있다면 얼마나 좋을까요? 아이들도, 교사인 저도 말입니다. 만나면 지긋지긋하고 매일매일 전쟁터처럼 느껴지는 그런 만남이 아니라, 너무너무 즐거워서 기다려지는 만남이라면 얼마나 좋을까요?

학교 갈 생각에 설레는 밤,
기다려지는 등교

감히 그런 등굣길을 꿈꿔 봅니다. 무대에서 땀이 홍건할 정도로 춤추고, 목이 터져라 노래하고, 박수치며 따라 부르는 팬들을 소중하게 바라볼 눈과 마음을 가진 싸이처럼 되고 싶습니다. 그런 무대를 위해 싸이는 수없이 피나는 노력을 했을 것입니다. 교실과 학교라는 무대를 즐기기 위해 두 가지 노력을 해보려고 합니다. 그중 하나는 마음가짐을 새롭게 하는 것이고, 나머지 하나는 날마다 이벤트를 하는 것입니다.

'교실에 들어가면 아이들이 우르르 몰려오겠지. 아, 귀찮다. 대혁이는 이상한 물건을 가져와서 오전 내내 공부는 안 하고 그것만 만지작거리겠지. 그 물건 때문에 아이들은 덩달아 시끌시끌해질 거야. 점심시간이면 또 나래는 1시간이 다 지나도록 먹지 않고 버티고 앉아 있을 거야. 그럼 나는 끝끝내 몇 숟가락 더 뜨게 하고 일어나겠지. 점심시간에 양치질하고 돌아오면 또 몇몇 녀석들은 자기들끼리 싸우다 누구는 다치고, 몇 명은 복도까지 나와서 목청껏 나를 부르며 뛰어오겠지. 나는 또 정신없이 달려가서 다친 아이부터 보건실에 데려가고, 아이들을 불러 자초지종을 묻고, 오후 수업은 십여 분이 지나 시작될 것이고…….'

이런 상상을 하며 학교까지 걸어갔었습니다. 이런 불길한 상상은 이내 현실이 됩니다. 출근하자마자 제 눈앞에 똑같이 펼쳐지는 것입니다. 그럴 때마다 저는 어김없이 화내고 분노하고 짜증을 냅니다. 매일 출근길에 그런 상상을 하고, 그것이 현실이 되는 것을 지켜보며 살았습니다. 그때 몰려왔던 아이들이 사랑스러웠다면 얼마나 좋았을까요?

"아침은 뭐 먹었어?"라고 건성으로 묻고 마는 것이 아니라, 아이들을 한명 한명 끌어안고 진심으로 관심을 두었다면 얼마나 따뜻한 아침이었을까요? 장난감과 게임기를 들고 온 녀석에게 "선물 받았니?"라고 웃으며 물어봐 줬다면 아이와 훨씬 더 가까워졌을 겁니다.

아이도 적당히 갖고 놀다가 알아서 가방에 챙겨 넣었을지도 모르죠. 점심을 먹는 시간만큼은 자기 뜻대로 하게끔 적당히 보아 넘겼다면 기분 좋게 급식 시간을 끝냈을 겁니다. 아이들끼리 싸우고 다치고 선생님을 부르러 와도 아이들이니까 그럴 수 있다고 이해했다면 훨씬 마음이 여유로웠을 겁니다.

학교에서 벌어지는 상황은 매일 비슷합니다. 그때마다 짜증내며 귀찮다고 생각할지, 이해하며 웃어넘기는 담대함을 보일지는 제 선택에 달렸죠. 이제는 새롭게 반응하려고 합니다. 매일 똑같은 일들을 겪으면서 분노하지 않고, 아이와 감정 다툼도 하지 않으려고 합니다.

'반드시 누군가는 점심 메뉴 중 어떤 것을 먹고 싶어 하지 않을 거야, 오늘도 아이들은 서로 싸우고, 어김없이 나한테 달려오겠지, 숙제를 안 해온 녀석은 있게 마련이고, 안 되는 줄 알면서도 장난감을 잔뜩 들고 오는 아이도 있을 거야.'

이럴 때 어떻게 행동할지, 아이들에게 무슨 말을 할지, 그 상황을 어떻게 받아들일지는 제가 하기 나름입니다. 좋은 무대를 준비하기 위해 노력하는 싸이처럼 미리 마음의 준비를 하고 성심껏 아이들을 대할 것입니다.

이지성 선생님의 교실에서 즐거움을 만끽했을 아이들처럼 저를 만나는 아이들도 늘 설레는 마음을 안고 교실로 들어오면 좋겠습니다. 내일은 어떤 재미있는 일이 벌어질지, 선생님은 어떤 재미있는 이야기를 들려주실지, 무슨 놀이를 하면서 재미있게 놀지, 궁금하고 설레는 마음으로 등교하게 만들 것입니다. 내일 경험할 일들을 머릿속에 그리며 즐거운 마음으로 잠자리에 드는 아이들, 아침마다 기쁜 마음으로 일찍이 교실 문을 박차고 들어올 아이들을 위해 재미있는 일들을 궁리하는 선생님이 되겠습니다.

아이들과 어떤 재미있는 놀이로 공부하고, 생각하고, 이야기를 나눌지 고민하면서 나이 먹고 싶습니다. '아이들이 좋아할까?', '이 놀이는 날이 조금 더 따뜻해지면 5교시에 나가서 해봐야겠다', '이렇게 하면 더 재미있을까?' 이런 생각들로 저 역시 콧노래를 흥얼거리며 학교에 갈 수 있을 겁니다.

이쯤 되니 17만 원짜리 티켓을 사서 새벽부터 콘서트장 앞에 줄을 서는 열성 팬들의 마음이 이해됩니다. 그들을 위해 미친 듯이 연습하고 준비하면서도 지치지 않는 멋진 가수의 마음도 이해됩니다. 우리도 얼마든지 아름다운 세상을 살 수 있습니다. 오늘 학교에 가는 발걸음이 얼마나 가벼울지는 마음먹기에 달린 것입니다.

학교,
왜 보내세요?

영국의 옥스퍼드 대학과 케임브리지 대학이 추구하는 것은 육체와 정신, 심리가 고루 단련된 사람으로 키우는 것이라고 합니다. 어느 한 분야에 대한 전문성을 지나치게 강조하지 않는다고 합니다. 대학을 졸업할 때는 학생들에게 '대학증명서'가 아닌 '인간의 증서'를 준다고 합니다. 우리처럼 전공 분야에 대한 성과를 인정하는 것이 아니라 '최고의 젊은이'라는 것을 인정하는 증서인 것입니다.

우리 아이들이 그토록 매달리는 대학 입시, 명문대 입학과 졸업은 인간다운 삶을 증명해 줄까요? 명문대를 나온 사람들은 진정 인간다운 모습인가요? 최고의 젊은이인가요?

선뜻 그렇다고 대답하기 힘든 것이 사실입니다. 오직 명문대

만을 목표로 공부하고 들어왔습니다. 이유가 무엇일까요? 명문대를 졸업하면 좋은 회사에 취직할 수 있고, 소위 말하는 기준으로 잘살 수 있다고 생각하기 때문입니다. 스스로 어떻게 살아야 할지 생각해 본 다음 선택한 것이 아니라 어른들의 기준과 사회의 통념에 따라 선택한 대학에서는 결코 성숙한 인간으로 다듬어질 기회가 없습니다. 그런 생각을 할 수 있는 씨앗이 마련되지 않았기 때문입니다.

우리 아이들은 공부에만 매진합니다. 그야말로 공부만 합니다. 하루 10시간 이상 책상 앞에 앉아 공부하면서도 부족하다고 생각합니다. 잠을 줄여가면서 책을 보고 문제를 풉니다. 작은 체구의 아이들은 육체, 정신, 심리가 무너집니다. 늘 문제 풀이에 대한 긴장감으로 하루하루를 보냅니다.

초등학교이든 대학교이든 학교는 '사람을 만드는 곳'이어야 합니다. 사람답게 살기 위해, 아름다운 사람 노릇을 하려고, 멋진 사람이 되어 사회에 기여하기 위해 학교에 가는 것이죠. 학교는 학생들이 '사람다운 사람'으로 성장하는 데 기여해야 합니다. 과연 우리의 학교가 그러한 역할을 제대로 하고 있을까요?

초등학생 때부터 고등 과정을 선행하고, 입학사정관 제도에 대비하여 생활기록부를 관리합니다. 각종 대회에 나가 수상 실적을 남겨야 하고, 바쁜 일정을 쪼개 의무적으로 책을 읽어야 합니다. 자유롭고 재미있어서 책을 읽는 것이 아니라 독서 목록을 하나씩 늘려가느라 여념이 없습니다. 책을 읽는 것마저 실적이 된 것입니다. 아이 스스로 원해서일까요? 아닙니다. 좋은 대학 가려면 그래야 한다고 하니 어쩔 수 없이 하는 것입니다.

학교에서 쉬는 시간에 짝꿍과 얘기를 하면서도 아이들은 서로의 얼굴을 보지 않습니다. 각자 숙제를 하면서 이야기를 나누는 것입니다. 눈으로는 책을 보고 손으로는 밑줄 그으며 입으로는 친구와 이야기를 하는 것입니다. 친구가 상을 받거나 성적이 오르면 함께 기뻐하고 축하해 줄까요? 아닙니다. 시기하고 질투하고 부러워합니다. 심한 경우 상을 못 타거나 성적이 오르지 못한 자신을 부끄러워하고 초라하게 여깁니다. 친구를 보면서 아이의 마음은 조급해지기만 하죠.

학교에는 더 이상 '친구'가 없습니다. 친구가 곧 '라이벌'로 인식되는 곳이 되어버렸습니다. 전인적 성장을 도모하는 학교 본연의 목표는 설 자리를 잃은 듯 보입니다. 초등학교, 중학교, 고등학교 모두 대학에 가기 위한 준비 기관으로 전락해 버린 것 같습니다. 그런 곳에서 아이들은 더 나은 성적을 올리기 위해 친구보다 더 많이 더 먼저 공부하고 알아내야 합니다. 경쟁에서 이겨야 하기 때문입니다.

아이들은 뒤처질 것을 두려워한 나머지 살아남기 위해 공부를 합니다. 사회 분위기가 그것을 조장했고, 사회 시스템이 공부 괴물들을 만들어냈습니다. 상당수의 교사들은 이런 분위기에 편승할 뿐입니다. 아파하는 아이들을 보듬기는커녕 더욱 채찍을 휘두릅니다. 그야말로 '폭력'이지요. 설령 사회 분위기와 입시제도가 그렇다 하더라도 교사가 소신 있게 자신만의 길을 걸어갈 수 있다면 좋을 텐데 말입니다. 아이들에게 더 좋은 길, 다른 길도 있다는 것을 보여주고 희망을 줄 수 있다면 얼마나 좋을까요?

수많은 날을 삭막한 교실 한가운데 서서 스스로에게 물었습니다. '왜 나의 길을 가면 안 되는가? 왜 나는 아이들 앞에서 종종 허무하고 불안하고, 그들에게 미안한 마음이 강박적으로 드는가? 학교에서는 아이들에게 진정 무엇을 해주어야 하는가? 이것이 맞는 길인가? 학교에서의 삶을 내던지고 떠난 아이들은 무엇을 잃게 될까? 학교밖에는 없고 학교에만 있다고 자신할 수 있는 것이 있을까? 오로지 학교에 다녀야만 경험할 수 있는 것은 무엇인가?'

학교에서만
누릴 수 있는 것들

생각해 보건대 학교 자체는 이미 매력을 잃었습니다. 기존의 학교 제도를 없애거나 시스템을 바꿀 수도 없습니다. 사람들이 할 수 있는 것은 학교를 떠나는 것뿐일지도 모릅니다. 실로 많은 아이들이 학교를 떠났습니다. 학교가 미덥지 못하다는 것을 알지만 어쩌지 못하는 부모들도 있습니다. 그들은 쉽사리 학교를 떠나야겠다는 결정을 내리지 못합니다.

스스로 아이를 교육할 자신이 없어서, 또는 사회적 통념에 대한 중압감으로 어쩔 수 없이 아이를 학교로 떠밀고 있나요? 확실한 교육관과 꼼꼼한 대안이 준비되었다면 학교를 선택하지 않아도 될 것입니다. 그렇지 않은 경우라면 학교만이 아이에게 줄 수 있는 것들을 누리되, 학교가 채워주지 못하는 것은 가정과 사회에서 보완하면 어떨까요?

학교는 통제로 가득 차 있습니다. "아이 한명 한명을 내 아이처럼 소중히 돌보겠습니다"라고 말씀드리면서도 그렇지 못할 때가 훨씬 더 많습니다. 개인의 자유의사보다 다수의 편의를 위해 결정되는 사안이 너무나 많은 곳이 20명 정원의 작은 교실 한 칸입니다. 1년 안에 아이의 교사가 가지고 있는 교육관이나 그가 택한 교육과정을 학부모들이 바꿀 수는 없습니다.

소소하게는 점심시간에 지켜야 할 규칙, 수업 내용과 방식, 함께하고 싶은 친구, 학습 활동 등을 학생 스스로 선택할 기회가 매우 적습니다. 바꾸기 어려운 부분에 집착하기보다 학교 밖 시간과 공간에서 이런 부분들을 보완할 방법을 마련해 보는 것이 좋겠습니다. 학교 안에서 아이가 얻는 것과 잃는 것이 있겠지만, 얻을 수 있는 것을 놓치지는 않아야 합니다.

학교에서는 기본적인 지식을 익힐 수 있습니다. 선생님이나 친구들과 토론하고 대화를 나눌 수 있습니다. 혼자 책을 읽거나 영상을 보면서 얻을 수 없는 다양한 분야의 지식을 얻을 수도 있지요. 이렇게 익힌 지식은 아이가 세상에 나와 자신의 일을 할 때 토대가 될 것입니다. 바닥이 넓은 그릇이 균형 잡기 쉽듯이 기본적인 지식은 한정된 범위에서 깊게 파내려가기보다 조금 얕을지라도 두루 펼쳐져 있을 때 더 안정적입니다. 아이에게 학교는 그런 곳입니다.

학교에 가면 의도하지 않아도 6년간 6명의 각기 다른 교사와 120여 명의 친구들을 만날 수 있습니다. 아이가 자라나는 환경과 만나는 사람, 경험을 제한하지 않았을 때 그 나름으로 얻을 수 있는 것들이 있지 않을까요? 의학박사 서재걸 박사님은 너무나 깨끗하게 통제되고 관리된 환경에서 자란 생명체는 오히려 면역력이 떨어진다고 말했습니다. 각기 다른 가치관과 생활방식을 지닌 또래와 어른과 일정 시간, 같은 공간에서 지내며 의견 조율, 분쟁 관리, 타협, 토론, 놀이, 다양성, 이질성, 교감을 경험할 수 있는 곳이 학교입니다.

저는 탈학교화, 홈스쿨링이 늘고 있는 지금도 우리 아이를 학교에 보낼 것입니다. 학교는 아이들이 더 많은 기회의 땅으로 나아갈 수 있는 탄탄한 지식을 갖추게 하고, 기본적인 학문의 길을 열어주니까요. 적고 외우고 문제를 푸는 공부 말고, 함께 이야기하고 방법을 궁리하고 서로를 북돋워주는 학교가 되어야 합니다.

아이들이 입시 공부에만 매달리고 설령 주위의 모든 사람들이 '그래야 한다'고 해도, 조금은 다른 시각으로 중심을 잡는 어른들이 있어야 합니다. 그래야 아이가 숨을 쉬고 살아갈 수 있습니다. 그래야 아이들이 덜 상처받고 건강한 마음으로 생활할 수 있을 것입니다. 그 일을 제가 하겠습니다. 아이들이 '쓸모 있고 살아있는 공부'를 할 수 있도록 엄마들도 함께 해주세요.

여러 통로와 여러 사람들에게서 얻은 융합된 지식을 발판 삼아 아이들은 더 깊게 알아가고 자신의 꿈을 향해 나아갑니다. 그때 조언을 해줄 수 있는 사람이 바로 부모와 교사입니다. '한 발 더 앞서 있는 친구'로서 말입니다. 부모와 교사가 곁에서 중심을 잡아주면 아이들은 많이 흔들리지 않을 겁니다. 그 '나이 많은 친구'는 공부하라고, 학원 가라고, 독서실 가라고 잔소리하지 않아요. 그 대신 조용히 곁으로 불러서 이렇게 말할 겁니다. "그럼 네 생각은 어때? 지금 잘 풀리지 않는 부분이 어디야? 더 필요한 자료가 있으면 얘기해 보렴. 유학에 대해서는 생각해 봤니? 연구해 보고 싶거나 그것을 위해 자금이 필요하지는 않니? 대학에 가서 좀 더 공부하고 싶은 게 뭐야? 그래서 무슨 일을 하고 싶어? 그럼 행복하겠어?"

이런 얘기는 밤새도록 해도 전혀 힘들지 않아요. 그런 딸과 엄마 사이에 입시가 자리 잡을 틈은 없습니다. 이미 자신 안에 확고한 지향점이 있으면, 조금 뒤처지고 남들과 다른 길을 가더라도 전혀 불안하지 않을 겁니다. 강남 대치동 입성, 영어 사교육에 대해 아무리 주위에서 부르짖어도 '그런 삶도 있겠구나!' 하면서 여유를 부릴 수 있습니다.

그런 용기와 안목, 내면의 힘을 키워주는 친구 같은 부모와 교사가 되어줍시다. 아이에게는 부담 없이 속내를 털어놓을 친구가 필요합니다. 함께 꿈을 이야기할 친구 말이죠. 자몽에이드를 마시며 킨 더 초콜릿을 까먹으며 미래의 모습을 그려보는 그런 친구가 필요합니다. 그런 이야기를 하며 아이와 웃고 지내는 그 순간이 얼마나 행복할까요?

친구 같은 부모와 교사가 되려면 아이보다는 조금 더 세상을 읽는 힘과 지혜가 있어야 합니다. 우리 어른들이 책을 읽고 더 많이 공부해야 하는 이유가 바로 그것입니다. 아이가 학교에서 친구와 사람답게 사는 방법을 배우고, 깊이 있는 지식에 다가서는 기쁨을 맛볼 때, 우리 부모들도 학교 밖에서 공부하고 진정으로 사람답게 사는 것에 대해 고민해 보아야 합니다. 학교에서 돌아온 아이와 밥을 먹고 수다를 떨고, 필요한 공부를 함께하면 얼마나 좋을까요.

저는 그런 엄마가 되고 싶습니다. 엄마가 그렇게 살아도 불안하지 않을 교사가 되고 싶습니다. 이런 교사가 있는 학교라면 우리 아이들에게 "학교 잘 다녀오렴!" 하고 기꺼운 마음으로 보낼 수 있지 않을까요?

'친구'는 없고 '라이벌'만 있는 교실

요즈음 많은 기업에서 직원을 채용하는 과정으로 팀 미션을 시행합니다. 몇 해 동안 전 국민의 화제가 되었던 오디션 프로그램 〈K팝스타〉에서도 최종 선발전에서 팀 미션을 치릅니다. 팀 속에서 참가자들이 어떻게 행동하고, 동료들과 얼마나 조화를 이루며 음악을 만들어가는지 보기 위해서입니다.

예전에는 혼자 골방에 틀어박혀 아이디어를 생각해 내고 피눈물 나게 연습해서 선보이고 자신을 증명해 보였습니다. 팀 미션, 플랫폼, 공유와 상생 등 요즘 시대를 대표하는 문구들을 살펴보면 예전과는 참 많이 다릅니다. '생각이 다른 여럿이 모여 꽤 재밌는 기대 이상의 것을 만들어봐라'는 것입니다.

그런데 학교는 이러한 시대 흐름과 역행하는 듯합니다. 학업 우수상, 그리기 상을 단체에게 주지는 않습니다. 공동의 작품을 만들기 위해 방과 후에 모여 의견을 나누고 연습할 시간이 아이들에게 있을까요? 한번은 모둠 활동으로 수행평가를 하려다 한바탕 소란이 일어나기도 했습니다. 배역 나누기, 물건 나눠 쓰기 등 사소한 것부터 아이들 의견이 분분했습니다. 의견 차이가 좁혀지기는커녕 서로 자기가 하겠다고 옥신각신하는 사이 1시간이 훌쩍 흘러버렸습니다. 그 안에서 협동, 조율, 창조, 분업, 성실, 기쁨 등 어떠한 모습도 보지 못했습니다. 아이들은 그저 서로를 할퀴고 자신의 욕구와 주장만 목청껏 외쳤습니다.

〈공부의 배신〉이라는 다큐 프로그램에서 인상 깊은 장면을 보았습니다. 교과서를 베껴 쓰다 물러 아파진 손가락에 노란 고무줄을 끼운 채 밤 2시까지 잠도 못 자고 공부하는 중3 아이의 모습이 첫 화면에 떠올랐습니다. 서랍 속에는 카페인 음료만 대여섯 캔이 있었는데, 모두 하루에 먹는 양이랍니다. 그 아이는 3시간 이상 자본 적이 없고, 쉬는 시간에도 놀지 못합니다. 자신만 뒤처져 있고, 늘 공부가 부족하다는 강박에 사로잡혀 있기 때문입니다.

아이는 밥 먹는 시간도 아까워서 굶기 일쑤였고, 화장실에 가는 시간도 아껴서 공부했습니다. 집에 오면 자칫 산만해질까 봐 일부러 교복을 벗지 않는다고 했습니다. 아이는 집에 들어오자마자 그대로 공부방으로 향했습니다. 화면 속 아이들은 하나같이 진짜 하고 싶은 게 뭔지 생각해 본 적도 없고, 공부 말고 다른 것은 할 겨를이 없다고 말합니다. 물론 이 프로그램은 특목중학교와 특목고등학교 학생들을 다룬 것이었습니다. 하지만 몇몇 소수의 이야기만은 아닐 겁니다. 이미 우리 주위에서도 낯설지 않은 풍경이 되었음을 부인할 수 없습니다.

이런 아이들에게 친구들과 함께 뛰어노는 추억이 있을까요? 가슴 따뜻한 행복을 마지막으로 느낀 것이 언제일까요? 자신의 행복은 고입과 대입, 취업 이후로 미룬 채, 꽃 같은 10대 시절을 하루하루 버텨내며 살아가고 있습니다.

우리 반에는 친구가 상을 받으면 우는 아이가 있었습니다. "왜 재만 상을 받는 거예요?", "나는 왜 상을 못 받는 거예요?" 이러면서 우는 열 살짜리 아이에게 뭐라고 위로해야 할까요? '그깟 종이 한 장 못 받으면 어때, 이런 건 아무것도 아니야.' 하고 말해주고 싶습니다. 하지만 상을 받고 기뻐하는 아이가 곁에 있기에 그렇게 말할 수도 없습니다. 요즘 교실에서는 멋진 의견을 낸 친구에게, 상을 받은 친구를 향해 기꺼이 박수 쳐주는 아이들을 보기가 힘듭니다. 시기와 질투, 부러움 가득한 시선들이 교실을 떠돌 뿐입니다.

경쟁에서 뒤처진 아이들에게 '괜찮아'라는 위로의 말은 흡수되지 못한 채 튕겨 나옵니다. 아이들은 전혀 괜찮지 않기 때문입니다. 아무리 '괜찮아. 다음에 잘하면 되잖아'라고 위로해준들 메아리가 될 뿐입니다. 아이들의 머릿속에는 오로지 '실패했다, 끝났다'는 생각만

이 자리 잡게 됩니다. 우울증, 대인기피, 짜증, 신경과민, 분노, 강박, 가출, 자살 등으로 얼룩진 아이들 곁에는 실패해도 괜찮은 길을 보여주지 못한 어른들이 있습니다.

아이들은 한 길밖에 없다고 여기며 그곳을 향해 달려갑니다. 그 아이의 볼을 따뜻이 감싸 쥐고 옆으로 살짝 돌려 또 다른 길을 보여줬다면 아이의 마음이 훨씬 편해졌을 거예요. 과학고에 들어가지 못해도, 좋은 대학에 가지 못해도, 대기업에 취직하지 못해도 괜찮은 길은 얼마든지 있답니다.

세계 드론 조종 대회에서 1등을 차지한 13세 한국 소년, 대기업을 박차고 나와 자신의 햄버거 가게를 창업한 20대 청년, 10대 민물낚시 박사, 기부 청년 등 안정된 길에서 살짝 벗어나더라도 가슴 떨리는 삶을 사는 많은 사람들의 이야기를 들려주고 싶습니다. 아이들은 설레며 살아야지, 가슴 졸이며 살아서는 안 되니까요.

자신의 것을 찾은 아이들, 그것을 하며 재미를 느끼는 아이들은 비록 뒤처지는 분야가 있다 하더라도 좌절하지 않고 돌파구를 찾아냅니다. 그런 아이들은 시험 성적과 상장에 흔들리지 않고 자신의 기쁨과 행복을 누리며 살아갈 겁니다. 박웅현 작가는 내 안의 기준을 갖고, 내 안의 점에 방점을 찍으며 살아가라고 했습니다. 그래야 흔들리지 않을 테니까요. 어차피 이 길에서 내가 좀 늦고 자신이 없다면 옆길로 당당히 방향을 틀어 자기 길을 모색하는 것도 방법이겠죠.

아이들은 당연하게 여기던 것에 의심을 품고 질문하는 연습을 할 수 있게 해주세요. 그것만 익혀도 행복한 삶을 살 수 있을 것입니다. '지금 이렇게 공부하는 것이 나에게 맞는 길인가? 이렇게 많은 학원을 힘들게 다녀야 하나? 서울대에 가야만 하는가? 영어를 못하면 취업하기 힘들까? 상장을 받고 1등 하는 것만이 최선일까?'

이런저런 의문을 던지는 아이들이 자신이 행복할 수 있는 길을 찾아낼 것입니다. 그런 질문을 품고 사는 아이들은 같은 반 친구가 상을 받으면 진심으로 박수를 쳐줄 수 있을 것입니다.

신영복 선생님이 쓴 《나의 동양고전 독법》 〈맹자편〉을 보면 독락과 여민락에 대한 이야기가 나옵니다. 아이들이 외롭고 힘든 독주보다 합주를 할 수 있도록, 혼자 하는 기쁨보다 함께했을 때 큰 기쁨을 누려볼 수 있도록 그들을 안내합시다. 자는 거북이를 깨워 함께 결승점에 도착한 토끼는 거북이와 함께 우승의 기쁨을 나눌 수 있습니다. 아이들에게 말해 주고 싶습니다. '이기면 뭐 해? 친구가 없는데.'

우리 아이들이 칸막이 독서실과 숨죽이듯 조용한 도서관, 집 안의 공부방에서 나와 카페든 공원이든 나가서 친구들과 어울리면 좋겠습니다. 함께 궁리하고 뭔가를 이뤄내면서 가슴 떨리고 재미난 삶을 살아가기를 바랍니다. 그러면 하루하루가 축제 같고 소풍 같은 날들이 될 테니까요. 세상 모든 것이 놀 거리이고 세상 자체가 놀이터입니다.

너도나도 몰려드는 레이스에 우리 아이가 합류하지 않아도 된다는 것을 깨달았습니다. 그 길에 행복이 없다면 가지 않아도 된다고 미련 없이 아이에게 말할 것입니다. 엄마의 행복을 생각하지 말고 '너'가 행복한 길을 가라고 놓아줄 것입니다. 자기 방에 갇혀 스스로를 옭아매지 말고 밖으로 나가서 친구하고 뭐든 해보지 않겠냐고 아이를 부추기는 어른이 되겠습니다.

신규진 저자의 말을 빌려 아이에게 이런 이야기를 해주고 싶습니다. "얘야, 인생의 전부라는 것은 어디에도 없단다. 공부도 마찬가지야. 모든 일이 인생의 일부일 뿐이지."

4장

다 받아줘야 아이는 잘 자란다

: 아이의 본성을 일깨우는 법

말 안 듣는 아이가 정상이다

제게는 참으로 멋진 형님이 있습니다. 형님처럼 살고 싶다는 생각이 들 정도로 말이에요. 형님 얘기를 한번 해볼까 합니다. 어릴 적 형님은 친구들과 몰려다니며 말썽도 피우고 머리카락도 잘려본 그런 학생이었어요. 놀 만큼 놀아보고 엄마 속도 썩인 아이였죠. 그런 형님이 아들 둘을 키우는 모습을 보면 존경심이 절로 우러납니다.

형님은 큰아이가 하루 종일 휴대폰을 보고 있어도 잔소리 한마디 하지 않습니다. 무슨 게임을 하는지, 언제까지 휴대폰만 들여다보고 있을 건지 묻지 않고 간섭도 하지 않아요. 한번은 넌지시 걱정되지 않냐고 물어봤습니다. 그러자 형님은 이런 말을 하더군요. "어차피 평일에는 한 번도 못 해. 휴대폰 만질 시간도 없는데 이런 날은 그냥 놔

둬도 돼."

추운 날 밖에 나가서 논다고 해도 오케이, 열두 살 아이가 갈빗집에서 어른보다 더 많이 먹어도 그만 먹으라는 말 한마디 하지 않습니다. 시험을 못 봐서 속상하다고 전화한 둘째 아들한테 이렇게 말합니다. "이제는 그 문제 풀 줄 알겠네. 그럼 됐지 뭐." 숙제하라고 다그치지도 않고, 아이가 심하게 투정을 부려도 질책하지 않습니다. 엄마 말 좀 들으라고, 왜 네 맘대로 하냐고 화내는 법도 없죠.

아이 키우면서 평화로운 일상을 기대할 수는 없습니다. 한없이 이해심을 발휘하기도 쉽지 않죠. 어느 집이든 말 안 듣는 딸, 아들 있게 마련이니, 목소리가 커질 수밖에 없습니다. 저 역시 참지 못하고 소리를 지르곤 합니다. 저 스스로 심하다 싶을 만큼 욕을 퍼부은 적도 있습니다. 처음에는 속으로 삭이다가 쌓이고 쌓이다 보면 폭발하는 겁니다. 자기 자식에게 어떻게 욕을 하나 싶지만, 아이들 키우는 부모라면 누구나 경험해 보았을 겁니다. 매일 화가 치밀어 오르는 순간이 있으니까요.

하지만 실컷 화를 내고 나서 생각해 보면, 정작 무엇 때문에 그렇게 욕을 하고 흥분했나 싶을 때가 있습니다. 한번은 제가 아이에게 어떤 말을 하며 화를 내는지 생각해 보았습니다. 밤 되면 잠 좀 자라, 밥 먹을 때는 돌아다니지 마라, 빨리 먹어라, 밤에는 뛰어다니지 마라……. 하지만 바뀌는 것은 아무것도 없습니다. 아이는 늘 제멋대로 하고, 저는 늘 소리치며 화를 내죠. 불현듯 이런 의문이 들었습니다.

'자리에 앉아서 밥 먹고, 정해진 시간에 잠자리에 들어야 하는가? 꼭 필요한 일이고 옳은 일이라고 해서 아이에게 강요해도 되는가? 그것이 옳은 행동이라는 것은 누구의 기준인가? 이런 일종의 지침들은 과연 핏대 세우며 신경 쓸 가치가 있는 것인가? 매번 그렇게 강요해서 아이가 변했는가?' 모든 질문의 답은 '아니다'였습니다. 그렇다면 생각을 바꾸든 방법을 바꾸든 해야 하지 않을까요?

남편과 저의 관계로 미뤄 생각해 보면 아이를 대하기가 훨씬 쉬웠습니다. 남편과 저처럼 아이와 저도 대등한 관계라는 것입니다. 제가 원하는 대로 남편이 달라지기를 바라면 싸움만 커질 뿐입니다. 비록 어린아이라도 인격적으로 대등하게 대해야 합니다. 남편에게 '일찍 자라, 앉아서 좀 먹어라, 게임 좀 적게 해라'라고 말하지 못하듯이 아이에게도 그러한 말들을 삼가야겠다는 생각이 들었습니다. 아이가 어리다는 이유로 부모의 생각을 강요할 수는 없습니다.

어느 강연장에서 스님에게 학부모가 이런 하소연을 했습니다. 아이가 말을 안 듣는데 어쩌면 좋겠느냐고 말이에요. 그러자 스님이 되물었습니다. "왜 아이가 엄마 말을 들어야 합니까?" 생각해 보니 그럴 이유가 없었습니다. 아이의 행동을 탓하기 전에 우리 자신에게 '왜?'라고 물어봅시다. '내가 왜 아이에게 자꾸 잔소리를 할까? 왜 나는 아이에게 지시를 많이 하지? 왜 나는 강압적일까?'

어릴 적 말 잘 듣던 착한 아이 정스런은 스무 살이 넘어서야 반항하기 시작했습니다. 지난겨울 매서운 바람이 부는 어느 날 함께 길을 건던 엄마가 겉옷을 벗어 제게 주었습니다. “우리 딸 이거 입어. 엄마는 갱년기라 춥지도 않아.” 저는 대놓고 그 옷을 뿌리쳤습니다. 얼어 죽을 듯이 추운 날이었는데 말이에요. 가을에서 세차게 겨울로 넘어간 듯 갑자기 찬바람이 부는 날이었습니다. 저는 외투도 입지 않고 나갔지만 엄마가 건네주는 옷을 입고 싶지 않았습니다. 평소의 엄마라면 분명 입고 싶지 않다고 해도 강요할 것이고, 억지로 입혀주기까지 했을 겁니다. 그것을 알기에 되레 오기가 난 저는 한술 더 떠서 소매를 잔뜩 걷어 올리고 앞서 걸어갔습니다. 보란 듯이 걸어가는 서른 살 넘은 딸을 보면서 엄마의 마음이 어땠을까요. 아이를 둘이나 낳았는데도 저는 여전히 철없는 딸입니다.

한 번은 가족끼리 외식을 할 때였습니다. 저는 아이에게 이유식을 먹이느라 한 술도 뜨지 못했습니다. 어느새 제 앞에 놓은 음식은 다 식어버렸죠. 엄마는 제 음식을 그릇째 가지고 가서 식은 것을 다 퍼내고 뜨끈한 국물을 붓고 고기를 잔뜩 얹어서 주었습니다. 하지만 저는 국물만 세 번 떠먹고 고기 한 점 건드리지 않은 채 일어섰습니다.

이번에도 당신 마음대로 음식을 잔뜩 떠 주신 엄마에게 ‘반항’하고 싶어서 일부러 먹지 않았습니다. 곁눈으로 딸자식이 잘 챙겨 먹나 지켜보던 엄마는 매몰차게 일어서서 나가는 저를 보고 얼마나 속상했을까요? 보란 듯이 남겨놓은 음식을 보고 저는 오히려 의기양양했습니다. ‘엄마, 봤지? 엄마가 내 욕구를 거스를수록, 엄마가 자꾸 참

견할수록 나는 이렇게 나갈 거야' 하는 식이었죠. 엄마 마음이 부스러지고, 엄마가 속상해하고 아파할수록 되레 저는 통쾌했습니다. 엄마를 이긴 것 같았으니까요.

희생을 담고,
복수를 부르는 사랑의 무게

추운 날 엄마가 자식에게 옷을 벗어주고, 식은 음식을 다시 따뜻하게 해서 건네는 것조차 거부한 데는 나름의 이유가 있었습니다. '사랑'이란 이름으로 행해진 엄마의 희생과 완고함 때문이었죠. 엄마는 항상 저를 생각하는 마음에 그러셨습니다. 그 마음은 누구보다 잘 알고 있습니다. 하지만 그런 엄마의 사랑은 종종 무겁게 다가왔습니다. 제 의사를 분명히 밝혀도 엄마는 당신의 뜻을 꺾지 않았습니다. 엄마의 사랑과 호의는 제가 극구 부인하고 마다해도 끝내는 받아들일 수밖에 없는 것이었습니다. 그러나 외투를 받아 입어야 엄마의 마음이 편하다는 것도 알고, 저도 따뜻한 한 그릇을 먹고 싶었지만, 저는 엄마의 호의를 거부했습니다. '엄마 뜻대로 하기 싫어!'라는 어릴 적의 거부감이 여전히 제 가슴속에 살아 있었던 것입니다. 그것이 깊이 뿌리박혀 어른이 된 지금도 얼토당토않은 트집을 부리며 엄마를 거부하고 있는 것입니다.

아이가 엄마, 아빠 말을 듣지 않으면 속상하고 화가 나게 마련입니다. 하지만 한번 생각해 보세요. 우리가 누군가의 말을 자발적으로 들을 때는 언제일까요? 존경심과 신뢰가 쌓인 사람의 말은 듣지 않나요? 반대로 생각해 봅시다. 아이가 말을 안 듣는다는 것은 상대에게 존경심과 신뢰가 없다는 뜻이 아닐까요. 그런 마음이 생기지 않는 아이에게 무언가를 강요한들 아무 소용이 없습니다. 설령 평소에는 부모님을 존경하고 신뢰한다 하더라도 강압이 느껴지면 아이는 자신의 의지대로 행동하게 마련입니다. 아이들은 자신의 행동을 스스로 결정할 때 자유와 행복을 느낍니다. 아이에게 자신의 행동을 결정할 권한을 주는 것이 중요합니다. 아이 때부터 무조건 부모 말을 들으라고 강요하면 저처럼 '나이 먹은 딸의 반항'을 보게 될지도 모르죠. 추운 겨울에 보란 듯이 팔을 걷어붙이고 애써 챙겨준 밥을 한 숟갈도 뜨지 않는 방식으로 말입니다. 사춘기 아이들은 더 괴상한 행동으로 부모의 마음을 아프게 하겠죠. 귀엽다고만은 할 수 없는 아이들의 복수입니다.

공지영 작가의 에세이 《네가 어떤 삶을 살든 나는 너를 응원할 것이다》를 보면 이런 구절이 나옵니다. "사랑해서 잘할 수 있는 일과 사랑하기에 하지 말아야 할 일 두 가지를 구분하는 법을 알게 해달라고 기도하고 싶다." 사랑한다고 해서 아이가 제 기대에 맞추기를 바라지 않으려고 합니다. 아이의 삶은 아이 스스로 살 수 있도록 놓아주렵니다. 저는 그저 지켜볼 뿐 간섭하지 않을 것입니다.

그것이 진정한 사랑인지는 여전히 대답할 수 없습니다. 사랑하는 자식을 위해 저토록 애쓰는 부모의 마음을 외면할 수는 없기 때문입니다. 아이가 하고 싶은 대로 하게끔 풀어주며 키우는 형님도 사랑이고, 아이를 감싸가며 키워내는 제 어머니도 사랑입니다. 어떤 사랑이 더 가치 있다고 할 수는 없습니다. 하지만 제 사랑을 앞세우기 전에 아이의 삶을 먼저 생각하는 부모이고 싶습니다.

나는 매일 천재들을 만나러 간다

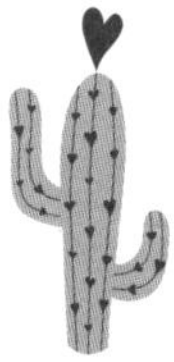

예쁜 꽃꽂이는 정성이 느껴지지만 자연스럽지 않습니다. 길가에 핀 꽃들은 제각각이지만 자연스럽게 어우러집니다. 자연과 어우러져 자유롭게 핀 꽃들에서 아름다움을 느낍니다. 사람의 손으로 적절히 매만져진 것들은 자연스러운 멋이 떨어진다고 느끼는 것은 비단 저뿐일까요?

아이도 그러하지 않을까 싶습니다. 아이들은 헝클어진 머리에 윗옷이 반쯤 딸려 올라가 볼록한 배가 삐져나와도 귀엽습니다. 오히려 단정하게 묶어 머리카락 한 올도 흘러내리지 않는 아이의 머리가 더 어색합니다. 아이는 아이답게 내버려둘 때 더욱 빛납니다.

하지만 우리는 아이의 모습 그대로 지켜보지 못합니다. 어릴 적 걸음마가 늦으면 발육에 문제가 있다 생각하고, 말이 늦으면 언어 자극을 적게 주어서 그런 것이 아닌가 못내 불안하지요. 걸음이 늦은 것도, 말이 늦은 것도 모두 어른들 기준으로 평가하는 것입니다.

아이들은 때가 되면 걷고, 말하게 마련입니다. 아이 스스로 자연스럽게 터득하게 되지요. 봄이 되면 어김없이 개나리꽃이 피고, 따뜻한 바람이 불어오듯 그저 아이들이 자연스럽게 커가는 것을 지켜볼 수 있다면 좋겠습니다. 자연을 대하듯, 조급하게 채근하지 않는다면 아이도 어른도 훨씬 더 행복할 것입니다.

아이들은 놓아둘수록 생각이 더 커지고 깊어지는 것을 느낍니다. 카드 만들기나 마을 꾸미기를 할 때 약간의 참고 작품을 보여주고 2시간 동안 놓아두면 꽤 좋은 작품들이 스무 개 이상 나옵니다. '넌 어떤 것을 만들 거야?', '그것 옆에는 어떤 것이 어울릴까?', '이런 식으로 만든 것을 봤는데 멋지고 좋아 보이더라' 이 정도만 곁에서 말해주어도 아이들은 신이 나서 작업합니다.

물론 완성도가 떨어지고 허술해서 전시하기 힘든 작품이 훨씬 많지만 저는 오히려 이런 작품들이 더 좋습니다. 깔끔하게 풀칠하지 못해 칭칭 테이프를 감아놓은 작품일지라도 기상천외한 아이디어와 제작 의도가 숨어 있거든요. 아이들이 꼼지락거리며 붙이고 돌리고 쌓아 올린 것 하나하나에 아이들의 생각이 담겨 있습니다. 뭐하나 의미 없이 허투루 만든 것도 없습니다.

아이들은 특히 예체능 시간에 더 자유롭게 아이디어를 펼칩니다. 저는 미술 시간이라고 해서 무조건 뭔가를 만들기부터 하는 것이 아니라 조금 특별한 시간을 가집니다. 일종의 생각 가공 시간을 주는 것입니다. 아이들이 충분히 궁리하고 친구들과 서로 의견을 나눌 시간을 말이죠. 작품을 만들고 나서도 왜 그렇게 만들었고, 무엇을 의미하는지 이야기를 나눕니다. 그런 모습을 보고 있으면 천재들이 모여 있다는 생각이 들곤 합니다. 저는 이런 천재들과 함께 하루하루를 보냅니다.

에디슨은 암탉이 알을 품듯 마구간에서 알을 품고 있었습니다. 한참 아들을 찾아다니던 아버지는 아들에게 핀잔을 주었죠. "네가 암탉이냐? 또 말도 안 되는 짓을 하고 있는 거야?" 우리도 에디슨의 아버지처럼 호기심에 가득 차서 뭔가를 하려는 아이에게 핀잔을 주지 않는지 되돌아봅니다.

열심히 작품을 만들어 친구들에게 소개하고 2주일 정도 교실에 전시를 해둡니다. 그리고 주말이 되기 전에 집으로 작품을 돌려보내는데, 한 아이가 이렇게 말합니다. "선생님, 이거 안 가져가면 안 돼요? 어차피 집에 가져가도 엄마가 버려요. 쓰레기라고." 그 순간 저 자신의 행동이 떠올랐습니다. 저 역시 우리 아이들이 날마다 만들어내는 종잇조각들이나 작품들을 아이들 몰래 쓰레기통에 버리곤 했거든요. 하지만 아이들이 작품을 만들면서 머릿속에서 지었을 궁전, 만났을 친구들, 보았을 새들 이야기를 잘 들어주고 맞장구쳐주는 것만큼은 잊지 않도록 해요. 최소한 아이가 보는 앞에서는 아이의 작품을 버리지 마세요. 아이의 소중한 시간 여행, 공간 여행은 계속되어야 하니까요.

얼마 전, TED 강연에서 활만 만드는 소년을 보았습니다. 열여섯 살의 장동우는 어릴 때부터 활 만드는 데 관심이 많았습니다. 그 분야의 책을 탐독하고 알게 된 지식을 활용해 직접 활을 디자인하고 제작하기에 이르렀지요. 동우는 어떻게 하면 화살이 바람의 영향을 덜 받고 과녁에 정확히 도달할지 잘 알고 있었습니다.

활에 대해 이야기하는 동우의 모습은 너무나 행복해 보였습니다. 그 아이의 세계를 깨뜨리지 않고 소중히 지켜주신 부모님들이 멋져 보였고요. 동우는 아파트 옥상에서 활을 만들다가 불을 낸 적도 있고, 소방차가 출동하기도 했답니다. 그렇게 재미난 것을 찾아 몰두할 수 있다는 것은 분명 아이의 특권이자 아이들의 힘입니다. 어른이 되면 모든 것이 그저 그렇고 뻔해 보이게 마련입니다. 그러니 아이 때 그러한 특권을 마음껏 누릴 수 있도록 도와주세요.

별자리 이야기에 빠진 아이, 동물을 너무 좋아해서 어떤 동물에 대해 물어보든 줄줄 설명하는 아이, 그리스 로마 신화 이야기를 엄마에게 찬찬히 들려주는 아이, 공룡을 그리고 공룡 흉내를 내고 공룡 티만 골라 입는 아이, 지나가는 자동차 바퀴에서 시선을 떼지 못하고 자동차 이름과 회사를 줄줄 꿰는 것은 물론 특징까지 설명하는 아이, 감히 흉내 낼 수 없는 선과 색들로 자신만의 그림을 그리는 아이, 상어와 고래만 가지고도 하루 종일 혼자 놀 수 있는 아이…….

우리는 이런 아이들의 꿈을 예쁘게 꽃꽂이하여 화병에 담아두지 않아야 합니다. 별자리에 빠진 아이에게 이 수학 문제도 풀 줄 알아야 하지 않냐고 다그치지 않도록 해야겠습니다. 공룡 티만 골라 입는 아이에게 촌스럽지 않냐고 핀잔을 주지 않아야겠습니다. 평범한 일상 속에서 상식적인 생각을 하며 의례적인 행동만 하는 어른들이 결코 따라 할 수 없는 아이들의 천재성이 잘 발현될 수 있도록 기꺼운 마음으로 지켜봐야 할 것입니다.

아이는 놀이처럼, 엄마는 공부처럼

사람들은 몸이 아파도 결근하지 않고 출근해서 열심히 일을 합니다. 그러다 모처럼 해외여행을 계획하면 한껏 기대에 부풀어 오릅니다. 짧은 기간에 빡빡한 일정을 소화하며 하나라도 더 보고 즐기려고 합니다.

박웅현 작가는 참 생소한 말을 던집니다. 여행을 일상처럼 일상을 여행처럼 살아보라고 말입니다. 에펠탑 앞에서 똑같은 포즈로 사진 찍고 야경을 즐기는 대신 파리의 노천카페에 앉아 책을 읽다가 노을이 질 무렵 숙소로 돌아와 보라고 권합니다. 어제와 별다를 바 없어 보이는 오늘일지라도 낯선 곳으로 여행 온 사람의 시선으로 내 삶을 바라보고 사람을 만나보라고 이야기합니다.

어릴수록 아이들은 주위의 모든 것들이 그저 새롭고 신기할 뿐입니다. 모든 것이 흥미진진하죠. 호기심에 가득 차서 만져보고, 뜯어보고, 달려갑니다. 어른들이 제지할수록 더욱 몰입합니다. 아이들은 모든 감각이 살아 있기에 호기심으로 가득 찹니다. 그 호기심을 해소하기 위해 끊임없이 도전하죠. 처음 접하는 것이니 새로울 수밖에요. 달걀 하나를 만져도 재미있고, 1시간 넘게 모래 놀이만 하면서 놀기도 하죠.

반면 어른들 눈에는 뭐 하나 새로운 것이 없습니다. 재미있는 것도 없고, 대부분 의무적으로 해야 할 일들뿐이죠. 그러면서 누구는 적당히, 다른 누군가는 최선을 다해 살아갑니다. 눈뜨면 하루가 온통 재미있는 것투성이인 아이들과 하루하루가 귀찮은 것들뿐인 어른들 사이에는 어떤 차이점이 있는 걸까요?

아이들은 모든 것을 놀이처럼 어른들은 모든 것을 해야 할 숙제처럼 여기기 때문이 아닐까요. 가끔 하루가 게임 속에 들어온 듯한 착각이 들 때가 있습니다. 그날 하루 해결해야 할 과제를 게임 속 미션이라 생각하는 거지요. 아침에 눈 뜨고 일어나면 시간 맞춰 부리나케 챙겨 입고 집을 나서서, 출근길에 가까스로 빨간 신호등을 모면하고, 지각하기 직전 빠듯하게 교문에 들어서는 것까지. 모든 순간이 시간제한에 묶여 있습니다. 그야말로 게임과 같은 하루입니다. '이제 게임 시작이다. 자, 오늘은 어떤 보너스를 먹을까? 이건 데미지가 크군. 라이프 하나 줄었어. 다시 2단계. 음, 잘했어. 이 정도면 어제보다 괜찮은걸? 이번 라운드는 결과가 꽤 좋군!' 이렇게 게임처럼 생각하면 인생에 심각한 것도 없고, 되돌리지 못할 일도 없게 느껴집니다.

《엄마도 자격증이 필요해요》의 서형숙 작가님은 아이를 키우면서 세 가지만 잊지 않으면 된다고 했습니다. '아이는 내기쟁이, 놀이쟁이, 따라쟁이'라는 것입니다. 어질러진 방 안을 단 몇 분 안에 치우고 아이들과 '빨리 치우기 내기'를 하며, 입 짧은 아이에게 조금이라도 더 먹이려고 '비행기 놀이'를 하며 밥을 먹였다는 것입니다. 처음에는 그런 것도 한두 번이지, 매번 어떻게 그럴까 싶은 생각이 들었습니다. 저처럼 팍팍한 마음으로는 지속하기 힘든 방법이었죠.

설거지를 좋아하는 주부가 있을까요? 하지만 어릴 때는 엄마 대신 설거지를 하고 싶어 안달이었습니다. 어릴 때는 밤새 책을 읽고 싶어서 일찍 자라는 엄마하고 매일 밤 실랑이를 벌였죠. 어릴 때는 피아노와 태권도, 뭐든 배우고 싶어서 학원에 보내달라고 엄마를 졸랐습니다. 하지만 커가면서 설거지가 귀찮고, 책 읽으라는 잔소리가 듣기 싫고, 학원은 되도록 안 다녔으면 싶었습니다. 그 모든 것이 재미가 아니라 의무로 다가왔기 때문입니다.

초등학교 고학년 아이에게 "우리, 빨리 방 치우기 놀이할래?"라는 말이 통할 리 없습니다. 그렇다면 다른 방법이 없을까? '왜 피시방 가고 유튜브 보는 것은 재미있고, 책 읽고 글 쓰는 것은 지겨울까?' 잘 노는 친구들하고 어울리면 재미있고 새로운 것들을 일찍 접하게 마련입니다. 엄마와 교사도 그런 친구들처럼 재미있는 것들을 많이 알려주면 어떨까요?

책을 보며 새로운 것을 알게 되고 운동을 통해 몸 기술을 익히는 것이 얼마나 재미있는지 처음에는 잘 모릅니다. 낯선 것에서 재미와 흥미를 맛보게 하면 아이는 어느새 놀이처럼 뭔가를 배우는 데 푹 빠지게 됩니다. 그것이 수학이든, 줄넘기든, 우쿨렐레든 말이에요.

그러나 공부가 놀이인 척해서는 안 됩니다. 철저하게 놀이가 되어야 합니다. 놀이처럼 해보자 하고는 1등을 해라, 제대로 해라, 이렇게 해라, 저렇게 해라 하면 아이는 금세 싫증을 내고 맙니다. 놀이와 의무의 차이는 '성과와 결과에 얼마나 연연하는가' 하는 것이 차이입니다. '그 과정을 즐겼고 꽤 즐거웠다'는 기분을 느끼는 것에 중점을 둘지, '잘해냈다. 남보다 더 잘한 것 같다'는 평가에 중점을 둘지에 따라 놀이와 의무가 나눠지는 것입니다.

어릴 때는 방에 혼자 틀어박혀서 몇십 권을 읽던 아이들이 어느새 책 읽기를 싫어하게 됩니다. 그 이유는 독서록 때문입니다. 책을 읽고 난 뒤에 어김없이 과제가 주어지면 그것은 더 이상 놀이가 아닌 의무가 되어버립니다.

어느 집에 갔을 때였습니다. 그 집 엄마가 책을 읽고 있는 아이에게 대뜸 이렇게 말하더군요. "주미야, 너 그리스 로마 신화를 도대체 몇 번이나 읽는 거야? 그쯤 되면 누가 누구고 어떤 신이 어떤 일을 하는지 눈 감고도 알겠다. 저기 종이 가져와서 계보 좀 그려봐." 과연 아이가 계속 책을 읽고 싶을까요? 책을 읽을수록 테스트가 주어진다면 말이에요. 아이는 생각할 겁니다. '엄마 앞에서는 책도 못 읽겠네.' 그러고는 책을 덮어버릴지도 모릅니다.

아이들은 원래 그림 그리는 것을 좋아합니다. 하지만 어른들의 한마디가 그림 그리는 것을 싫어하게 만듭니다. 신나게 그림을 그린 다음 잔뜩 들떠서 친구들에게 설명하고 있는 아이에게 이렇게 말하는 겁니다. "이렇게만 하면 안 되지. 바탕까지 꼼꼼하게 다 칠해야 완성되는 거야." 그러면 아이들은 이렇게 말합니다. "미술 시간이 너무너무 싫어요."

인생은 놀이다

목적을 어디에 두느냐에 따라 아이들 마음에 의무감과 부담감을 줄 수도 있고, 재미와 즐거움을 줄 수도 있습니다. 그것이 수학 공부라도 말이에요. 앞서 말씀드린 것처럼 재미와 의무로 나뉘는 기준은 그 행위를 통해 얻고자 하는 것이 무엇인가에 달렸습니다. 아이들은 무슨 일이든 즐기다 보면 스스로 '쉬엄쉬엄'하는 단계를 넘어섭니다. 재미를 느끼면서 하다 보면 자신감도 생기고 승부욕도 솟구쳐 점점 더 몰입하게 됩니다. 그러면 재미가 일종의 목표를 향한 내재적 동기 내지는 자발적 열정으로 변해 더욱 잘해 보고 싶은 욕구가 생기는 것입니다. 아이에게 알려주고 싶은 것이 비례식이든 우주의 생성 원리든, 시작도 놀이처럼 과정도 놀이처럼 결과도 놀이처럼 하면 좋을 것입니다. 시작은 '한번 해볼까?' 하는 정도로 약간의 부추김이 필요합니다. 과정에선 열심히 즐기면 그뿐이고요. 마지막으로 결과 또한 졌듯 이겼듯 놀이 그 이상도 그 이하도 아니면 되는 것입니다.

비록 철저히 계획하고 알음알음 알아본 다음 귀하게 마련한 것이라 하더라도 아이 앞에서는 한낱 놀잇감에 지나지 않을 수 있다는 것을 염두에 두세요. 그렇게 부담 없이 아이들 앞에 놓아주세요. 신나게 놀 수 있도록 말이에요.

제 경우 꼼꼼하게 계획을 세우지도 않고, 이것저것 알아볼 만큼 부지런하지도 않습니다. 하지만 가정에서든 학교에서든 아이들과 비교적 잘 지내는 편입니다. 누군가에게는 진지한 공부도 내게는 호기심을 해결하기 위한 가벼운 여정처럼, 시험도 내가 알고 있는 것과 모르는 것을 가늠하는 정도로 가볍게 여길 줄 아는 마음을 지니고 싶습니다. 그런 모습을 우리 아이들도 닮아갔으면 좋겠습니다.

아이들이 좋아하는 게임을 함께하는 아빠들도 꽤 많이 보았습니다. 아이와 함께 한국사 시험을 준비하는 엄마도 있습니다. 아이와 함께 배드민턴 동호회 활동을 하는 부모님도 보았습니다. 제가 다니는 독서 모임에 아들과 함께 나온 엄마도 있고요. 놀이에 상대가 있듯, 아이의 인생길에도 부모가 라이벌 겸 코치 겸 친구 같은 사람이 되어주면 부모와 아이 모두 행복할 것입니다.

저는 가끔 친구와 치킨에 맥주를 마시며 수다 떠는 것을 좋아합니다. 그런 시간과 그런 관계 모두 제게는 너무나 소중한 것입니다. 그러나 그것 못지않게 함께 본 영화, 함께 읽은 책, 함께 본 미술 작품, 함께 본 뮤지컬에 대해 우리 아이와 이야기를 나누는 시간도 행복합니다.

아이들이 어느새 훌쩍 큰 것을 보면 아쉬운 마음도 들지만 한편 다가올 몇 년이 기대되기도 합니다. 모든 것을 공부처럼 만들어버리는 몹쓸 버릇을 버리고, 아이처럼 모든 것을 놀이처럼 한다면 세상은 더없이 즐거울 것입니다. 아이들이 '입시 전쟁', '시험 지옥' 속에서도 흔들리지 않을 겁니다.

아이는 스스로 행복을 책임질 수 있다

어린아이가 과연 자신의 행복을 책임질 수 있을까? 어디 가서 손해 보고 살지 않을까? 말도 못하고 움츠리고만 있으면 어쩌지? 친구들과 어울리지 못하고 혼자 지내면 어떡하지? 우리는 가만히 앉아서 자식에 대한 온갖 걱정과 우려를 짊어지고 있습니다. 그렇게 걱정하고 신경 쓰는 것이 부모로서 당연히 할 일이라는 듯이 말입니다. 반대로 아이가 하는 대로 내버려두거나 관여하지 않는 부모를 보면 '엄마 아빠가 애한테 너무 신경을 안 쓰는 것 아니야?'라고 말합니다. 마치 부모 역할을 다하지 못한다는 듯이 말이죠.

그러나 신기하게도 아이들은 자기 살 도리를 합니다. 어른들이 관여하지 않아도 자기 앞가림을 합니다. 엄마 곁에서 징징거리며 울던 아이도 어린이집 문을 닫고 들어가면 금세 선생님께 인사하고 장난감 바구니로 달려갑니다. 집에서는 양말이나 겉옷을 마구 벗어 놓는 녀석이 학교에서 사물함 정리는 얼마나 잘하는지 모릅니다. 오죽하면 저도 네 살 된 딸아이를 보며 '자취해도 되겠다'라며 웃었겠습니까?

가끔 한국 부모들을 보면 참 유별나다는 생각을 합니다. 아이와 함께 외출할 때면 밥 먹고, 옷 입고, 심지어 신발 신는 것까지 신경 씁니다. 식당에서는 아이가 먹을 음식까지 정해 주죠. 아이의 건강을 위한답시고 비교적 덜 해로운 음식을 주문합니다. 아이가 먹고 싶은 것은 중요하지 않죠.

사교육을 시킬 때도 마찬가지입니다. 아이에게 필요하거나 원하는 것인지 따져보지도 않고 엄마가 알아보고 비교하고 정해 줍니다. 아이는 따르기만 하면 될 뿐이죠. 어쩌면 요즘 아이들은 어릴 적 가위로 열심히 오려 가지고 놀던 종이 인형과 비슷합니다. 지각도 있고 감정도 있는 아이들인데 말이에요. 엄마 취향대로 옷을 입히고, 엄마가 골라 음식을 먹이고, 공부 일정도 보통 엄마가 짜는 겁니다.

엄마가 하나하나 신경 쓰는 것과 달리 아빠는 아무런 말도 하지 않습니다. 아빠는 고개를 돌리고 있거나 휴대폰을 만질 뿐이죠. 엄마의 행동이 못마땅한 듯하지만 반론을 제기하지 않습니다. 아빠는 자신이 없기 때문입니다. 뾰족한 대안도 없고, 자칫 아내의 방식에 이의를 제기했다가는 육아와 교육을 자신이 떠안게 될지도 모른다는 두려움이 있는 것입니다. 오은영 선생님이 표현한 것이 요즘 엄마 아빠의 모습인 것 같습니다. '불안한 엄마, 무관심한 아빠.'

사실 저 역시 아이에 대한 두려움과 걱정이 많습니다. 아이가 하는 대로 내버려둬도 괜찮을까, 그러다 다른 곳에 가서 혹여나 상처받으면 어쩌나, 어릴 적 자극과 경험이 두뇌와 감성 발달을 촉진한다는데 아이에게 아무것도 해주지 않아도 될까, 아이가 커가는 모습을 지켜보기만 하는 것이 과연 잘하는 일일까.

아이 셋을 서울대에 보낸 엄마로 종종 소개되는 박혜란 선생님은 《믿는 만큼 자라는 아이들》에서 이렇게 말합니다. 아이를 대충대충 키우라고 말입니다. 아니. 키우려고 하지 말고 그저 크는 것을 바라보고 함께 놀면 된다고 합니다. 너무 쉽지요. 《바라지 않아야 바라는 대로 큰다》는 책에서는 "진정 아이가 어떻게 자라줬으면 좋겠다"는 바람이 없을 때 어쩌면 아이는 딱 그렇게 자라줄 것이라고 역설적인 이야기를 합니다.

학교에서 아이를 가르치고, 직접 키워보니 그 말이 맞는 것 같습니다. 아이가 다니던 유치원 선생님이 너무 엄격한 것 같아 어느 날 갑자기 자유로운 분위기의 다른 유치원으로 옮긴다고 하면 아이는 어떤 마음이 들까요? 엄마의 결정에 당황스럽지 않을까요? 발레가 좋다고 해서 다니고는 있는데 소질이 없다며 이번에는 플룻 수업을 신청했다면 아이는 어떤 반응을 보일까요? 영어 DVD를 보는 재미에 흠뻑 빠져있는 아이에게 내용이 뭔지, 저 주인공의 행동이 옳으냐며 꼬치꼬치 캐묻는 엄마를 아이는 어떻게 생각할까요?

가끔 아이에게 불쑥 손을 뻗칠 때면 그런 저 자신에게 흠칫 놀라곤 합니다. 심지어 아이가 잠자는 시간, 먹을 반찬, 간식거리까지 간섭합니다. 약속을 정하고 때로는 강압적으로 명령을 내릴 때도 있죠. 저보다 몸집이 작은 아이라고 해서 제 마음대로 결정해버리지는 않았는지……. 과연 아이 삶을 쥐고 흔들 권리가 제게 있는지 돌아봐야겠습니다.

《그리스인 조르바》(니코스 카잔차키스)에는 정말 무섭고 눈물나는 장면이 하나 있습니다. 주인공인 나는 어느 날 나뭇등걸에 붙어 있는 나비의 번데기를 보게 됩니다. 나비는 작은 구멍을 뚫고 나올 준비를 서두르고 있었습니다. 하지만 아무리 기다려도 나오지 않자 애가 탄 나는 구멍으로 후후 입김을 불어줍니다. 따뜻한 입김을 받고 나비는 생각보다 빨리 기어 나오기 시작했습니다. 주인공은 너무나 신기하고 행복했죠. 그런데 그 순간 나비는 날개를 펴는가 싶더니 뒤로 접으며 끝내 파르르 몸을 떨며 죽고 말았습니다. 나의 손바닥 위에서 말입니다. 번데기에서 나와 날개를 펴는 것은 태양 아래서 천천히 진행되어야 하는 것입니다. 나비는 스스로 조금씩 날개를 펴고 자연 속에서 힘을 내볼 기회를 빼앗겨 버렸습니다. '나'는 얼마나 미안했을까요? 얼마나 후회스러웠을까요? 그 마음을 생각하니 마음이 먹먹했습니다.

'나는 성급하게 아이가 날아가기를 기대하지는 않았을까?', '나는 아이의 젖은 날갯죽지를 말려주고 싶어 마구 바람을 불어대지는 않았을까?' 별안간 두려웠습니다. 아이에게 쏟아부은 기대와 보살핌이 사실은 아이의 성장을 막고 있었던 것은 아닐지 진지하게 스스로 묻게 되었습니다. 엄마와 아빠에게 그것만큼 고통스러운 일은 없을 겁니다.

가끔 아이에게 하려던 말도 참고, 아이를 위한 계획들을 포기해 버리곤 합니다. 그러고는 깨닫게 됩니다. '내버려두길 잘했어. 내가 거들지 않기를 잘했어. 혼자서도 잘해내잖아.' 아이들은 그냥 내버려두어도 보란 듯이 잘해냅니다. 그럴 때마다 아이도, 부모도 조금씩 성장하게 되죠. '자식을 위하는 엄마의 마음이란다', '자식을 위해 애쓰는 것이 부모의 역할이란다' 하는 허울 좋은 말을 앞세워 날 없는 칼을 아이에게 휘두르지 않도록 조심 또 조심해야겠습니다.

부모들이여
마음껏 게을러져라

아이는 진심으로 원하는 것을 하게 마련입니다. 진짜 심심하면 놀 거리를 스스로 찾습니다. 답답하면 스스로 나서서 질문을 하죠. 필요하지 않기 때문에 없어도 되기 때문에 요구하지 않는 것입니다. 그런데 우리 부모들은 부지런히 무언가를 자꾸 사서 아이에게 안겨줍니다. 아이가 필요로 하기도 전에, 원하기도 전에 가져다줍니다.

엄마 아빠에게 말해 주고 싶습니다. 이제 그만 게을러도 괜찮다고 말입니다. 행여나 부족할세라, 기죽을세라 이것저것 챙겨주는 사이 아이는 나약한 화초가 되어갈 뿐입니다. 사막에서 적은 물로도 버텨내는 선인장처럼, 가뭄을 거쳐내며 더 깊이 뿌리내리는 나무처럼 자랄 아이들을 우리는 집 안의 화초로 만들어버립니다. 무엇이 자신을 행복하게 하는지, 무엇이 자신을 위협하는지 아이 스스로 느끼고 찾아낼 시간을 주세요. 엄마와 아빠는 감동할 준비만 하면 됩니다. 아이가 어떻게 어려움을 해결해 나가는지 바라보며 웃음 짓고 때로는 눈물을 흘리는 것만으로도 충분합니다. 우리 아이들은 알아서 잘 크는 나무입니다.

책을 보다가 진짜 마음에 드는 구절을 봤어요. 《즐거운 양육혁명》의 저자는 게으른 부모의 강령을 제시합니다. "부모인 우리는 아이들을 그냥 내버려두겠다고 서약한다. 우리는 죄의식 없이 어른만의 인생을 즐긴다. 우리는 간섭하지 않으려고 애쓴다. 우리는 아이 건강과 안전에 관해 이래라저래라 하는 지침을 거부한다……."

톰 호지킨슨은 이 책에서 부모가 왜 게을러져야 하는지에 대해 완벽한 근거를 제시합니다. 함께 사는 작은 존재를 존중하며 관심 있게 지켜보고 곁에 있어만 주면 된다고 말합니다. 그러면 아이들은 스스로 할 일을 하고 대처할 능력을 쌓아간다는 것입니다. 아이에게 필요한 것은 비위를 맞춰주는 엄마 아빠가 아닙니다. 꼭 필요한 몇 가지는 바로 안정감, 거래하지 않는 사랑, '어린 시절에 나는 참 행복했어'라고 느끼게 해주는 자존감, 좋은 삶을 살아가고자 하는 의지라고 합니다.

그는 현재 영국의 한 농장에서 토끼와 말을 키우며 우쿨렐레를 연주하고 글을 쓰면서 세 아이와 아내와 함께 살고 있답니다. 세상에는 다양한 양육 방식이 있습니다. 그중 부모의 인생철학과 맞는 한두 가지를 택해 적절히 균형을 이루면 더할 나위 없을 것입니다. 저는 바쁜 강남 엄마의 삶보다는 톰 호지킨슨의 삶을 선택하고 싶습니다. 엄마도 행복하고 아이도 행복한 길이 거기에 있다고 생각됩니다.

아이가 초등학교 1학년에 입학하면 학교 적응을 도와줘야 한다며 엄마들은 약속이나 한 듯 휴직을 합니다. 사실상 학교 적응을 도와주는 것이 아이가 홀로 서는 데는 별 도움이 되지 않습니다. 아이의 학습 과정을 체크하고, 등하교를 도와주는 것이 전부이니까요. 그보다는 아이가 네다섯 살 때부터 가능한 여러 가지 것들을 혼자 해볼 수 있도록 자립심을 키워주는 것이 더 현명하지 않을까요? 어차피 학교에 들어가면 혼자 해야 합니다. 1년 정도 엄마가 등하교를 시켜줬다고 해서 아이가 학교에 잘 적응하는 것도 아닙니다. 위험한 것을 겪어본 아이가 피할 수 있듯이 어릴 때 넘어져 봐야 홀로 설 수 있습니다.

홀로 설 줄 아는 아이가 친구들과도 잘 어울립니다. 대학에 가서도 스스로 강의 신청을 하고, 회사에 들어가서도 스스로 능력을 인정받을 수 있습니다. 현명한 배우자를 만나 가정을 꾸리고 자녀도 잘 키워내겠죠. 여기에서 '잘'이라는 의미는 '스스로 제법 적당하게'라는 뜻입니다. 다만 부모가 할 일은 아이를 살피며 놓아두는 것과 무관심하게 방치하는 것을 구분하는 것입니다.

1918년에 출간된 D. H. 로렌스의 《인간 교육》에서는 아이 교육에 대해 이런 제안을 하고 있습니다. "아이 교육을 어떻게 시작할 것인가. 첫째 규칙은 아이를 그냥 내버려두는 것이다. 둘째 규칙은 아이를 그냥 내버려두는 것이다. 셋째 규칙은 아이를 그냥 내버려두는 것이다. 그것이 시작하기 위해 필요한 전부이다."

어린아이가 과연 자신의 행복을 책임질 수 있을까요? 그렇습니다. 어디 가서 손해 보고 살지는 않을까요? 몇 번 손해 보고 나면 나중에는 깨닫게 될 것입니다. 말도 못하고 움츠리고 있으면 어쩌죠? 움츠리는 데는 나름의 이유가 있을 테니 걱정하지 않아도 됩니다. 친구들과 어울리지 못하고 혼자 지내면 어떡하죠? 어른들도 낯선 곳에 가면 외롭고 힘들기 마련입니다. 그래도 시간이 지나면 조금씩 적응하게 됩니다. 아이들도 마찬가지입니다.

이제는 지나치게 기대하지 않으렵니다. 부모가 보기에 부족하다 싶은 것을 애써 채워주려고 하지 않을 겁니다. 친구들과 함께 뒹굴고, 종이를 오려서 성을 만들고, 밤새도록 쿠키를 굽고, 비 오는 날 물장구치며 놀다 들어온 아이를 말없이 반길 것입니다. 그것이 아이가 자신의 행복을 책임지는 길을 걷게 할 것임을 알기 때문입니다.

이유는 하나,
'사랑받으려고'

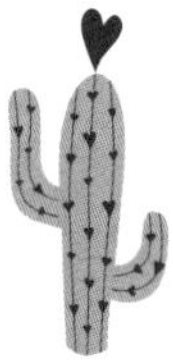

마야 안젤루는 《딸에게 보내는 편지》에서 사랑에 대한 일화를 소개했습니다. 그녀가 닳고 닳은 회의론자에 빠져 있을 때였습니다. 자신에게 성악을 가르쳐주시던 선생님은 제자들을 가끔 초대해 성악 수업 외에도 〈진실 안에서 배우는 교훈〉의 일부분을 읽어주시곤 하셨습니다. 모든 백인 학생들과 선생님, 그리고 단 한 명의 흑인이었던 마야 안젤루가 모인 자리였습니다. 선생님은 그녀에게 "하느님은 나를 사랑하신다"로 끝나는 대목을 읽으라고 했습니다. 그녀는 그 구절을 읽고 책을 덮었습니다. 선생님은 "다시 읽어라"고 말씀하셨고, 그녀는 신경질적으로 읽었다고 합니다. "다시", "다시"라는 선생님 말에 그녀는 약간 빈정거리는 투로 그 대목을 읽었습니다. 일곱 번쯤 읽었을 때 그 구절에 일말의 진실이 깃들어 있을지도 모른다는 생각이 들기 시작했다고 합니다.

교직에 있다 보면 자신은 절대 사랑받을 수 없는 존재라고 느끼는 아이들을 종종 보게 됩니다. "선생님은 너를 믿어" "엄마, 아빠는 너를 사랑하셔"라고 말하는 저를 아이는 무표정한 얼굴로 바라봅니다. 그러면 저는 아이의 냉정한 두 눈을 똑바로 쳐다보지 못합니다. 백지장처럼 하얗고 핏기없는 아이의 얼굴을 보면 제게 이렇게 말하는 것 같습니다. '뭐라고요? 그래서 나를 이렇게 두는 거군요. 사랑해서!' 그런 아이를 보며 더 이상 사랑한다는 말을 입에 올릴 수조차 없습니다. 상처받은 아이 마음이 너무 아파 보여요.

그렇게 모질고 마음이 단단할 거라고 여겼던 그 아이들도 마야 안젤루 같지 않았을까요? 세상을 조롱하고 부모를 증오하고 자신의 존재마저 부정하고 싶을 때, 그때마저도 아이들은 저마다 일말의 희망을 품고 살았을 거라는 생각이 들었습니다.

사랑한다는 말에 조금도 동요하지 않는 표정을 지으면서도 '엄마는 나를 사랑하실 거야. 그럴지도 몰라' '선생님은 나를 믿어주시는 것 같아'라는 희망을 버리지 못했을 것입니다. 결국은 사랑이 필요한 것이었습니다. 표정 없는 얼굴로 흘려듣는 것처럼 보였지만 아이의 가슴은 얼마나 방망이질을 쳤을까요. 그 흔들림을 누르고 누른 나머지 그만 무덤덤한 표정이 습관처럼 굳어졌을 겁니다. 아이들을 돕고 싶고, 살리고 싶습니다. 누군가의 "사랑해"라는 말을 의심 없이 믿을 수 있는 아이로 살게 하고 싶습니다.

마더 테레사 수녀님은 이런 말씀을 하셨습니다.

"어린이들과 가난한 이들, 괴로운 이들과 외로운 이들에게 항상 미소 지으십시오. 그들에게 사랑이 깃든 행동뿐 아니라 마음도 함께 주십시오. 우리에게는 줄 것이 그다지 많지 않을지도 모릅니다. 그리고 가난한 사람은 어디에든 있지만 가장 가난한 사람은 사랑받지 못한 사람입니다."

살면서 꼭 해야 하는 일이 무엇일까요? 죽을 때 가장 후회되는 일은 무엇일까요? 우리 아이는 왜 저렇게 변한 걸까요? 저는 왜 이렇게 힘들죠? 세상에서 겪게 되는 수많은 어려운 일들과 질문에 대한 답은 결국 하나일 것입니다. 바로 사랑입니다. 어떤 일을 해도 풀리지 않았던 것은 그 일에 대한 사랑이 부족했기 때문입니다.

우리 아이가 세 살 즈음 갑자기 말을 더듬거렸습니다. 순하고 예쁜 딸이 어느 날부터인가 신경질적으로 소리를 질러대는 것이었습니다. 다시는 돈을 훔치지 않겠다고 약속하고도 번번이 제 기대를 저버리는 학생도 있었습니다. 집을 나가지 않겠다고, 열심히 학교생활하겠노라고 다짐했던 아이가 보란 듯이 다음 날 집을 나갔습니다. 그때마다 '도대체 뭐가 문제지? 내가 뭘 잘못한 거지?'라고 스스로에게 물었습니다. 결국 답은 하나였습니다. 사랑이 부족했던 것입니다. 사랑 없이는 그 어떤 노력도 소용없습니다. 사랑 없이는 그 어떤 것도 변화시킬 수 없다는 것을 아이를 키우며, 아픈 아이들을 떠나보내면서 깨달았습니다. 책을 수백 번 읽었는데도 깨닫지 못했습니다. 수만 번 아이들을 실망시키고 아프게 하고 나서야 겨우 깨달았습니다.

아이들은 "사랑해 주세요, 엄마", "저를 믿어주세요, 선생님" 이렇게 말하지 않았습니다. 오히려 자신을 망가뜨려 가면서 마음과는 전혀 다른 말과 행동으로 끊임없이 표현했던 겁니다. 요즘은 딸아이가 갑자기 투정을 부리고 떼를 쓰면 금세 눈치를 챕니다. 제 일을 하느라 아이한테 신경을 덜 썼다는 것을 깨닫는 것이죠. 아이는 자기 좀 봐달라고 얘기하는 것입니다. 제가 할 수 있는 것은 이것뿐입니다. '더 사랑하고, 더 사랑하는 것.'

학생이 어떤 반항을 하더라도, 아이가 어떻게 떼를 쓰며 엄마의 속을 뒤흔들어도 어른들은 받아주어야 합니다. 그런데 저는 온갖 핑계를 대며 받아주지 않았습니다. '다 들어주면 아이 버릇이 나빠진다', '그렇게 받아주면 어른들 머리 꼭대기에 오르려고 한다', '어른들을 자기 마음대로 쥐고 흔들려고 한다'고 생각했습니다. 그러면서 '사랑해 주세요'라고 속삭이는 아이의 말에는 귀를 닫았습니다. 모른 척하는 것이 편했으니까요.

다루기 힘든 아이가 있다면, 어떻게 해야 할지 모른다면 무조건 사랑한다고 다짐합니다. '사랑하자. 아무것도 기대하지 말자. 무조건 사랑하자. 사랑밖에 없어. 사랑이 답이야.' 쉽게 타협하지 않기를, 편하게 합리화하지 않기를 기도합니다. 사랑이 없으면 그 어떤 노력도 실패로 끝난다는 것은 어쩌면 너무나 뻔한 이치였습니다.

그러나 사랑으로 아이들을 변화시키기는 쉽지 않습니다. 아이들은 단번에 바뀌거나 마음을 쉽게 열지 않습니다. 아이들이 아프고 버림받았던 만큼 똑같이 저도 아파봐야 합니다. 좌절하는 매 순간마다 저 자신을 다독여야 했습니다. 제 사랑이 부족할수록, 아이에게 아픔이 많았던 만큼, 받은 상처가 클수록 아이들은 더 많이 저를 실망시켰고, 더 많은 배신감을 안겨주었습니다.

아이들은 제 마음을 정확히 꿰뚫었습니다. 섣부른 동정에는 가차 없이 뒤통수를 쳤고, 이내 포기해 버릴 줄 이미 알고 있었습니다. 조건이 달린 사랑에는 조금 변하는 듯싶다가도 되레 더 멀리 달아났습니다. 진심이 담겨 있지 않은 사랑에는 가면을 쓰고 저를 속였습니다. 하지만 저는 아이들을 저버리지 않을 것입니다. 제 마음에 진심이 깃들어, 그것을 아이가 알아줄 때까지 계속할 것입니다. 그래서 오늘도 아이에게 속고, 아이 때문에 울고, 아이 때문에 분노하더라도 이 길을 갑니다.

5장

한 아이의 엄마가 된다는 것

: 육아하면서 비로소 어른이 되다

아이가 왜 내 곁에 왔을까?

요즘은 혼전 임신에 대한 인식이 많이 바뀌었습니다. 혼수를 미리 장만했다며 반겨주는 사람들이 많습니다. 반면 어떤 부부는 오랜 기다림 끝에 간절히 원하던 아이를 맞이하기도 합니다. 아주 힘들게 말입니다. 하루 꼬박 산통을 이겨낸 끝에 아이를 만나는 산모가 있는가 하면, 비교적 빨리 수월하게 아이를 만나는 산모도 있습니다.

어찌 되었건 우리는 만났습니다. 이 아이는 왜 이 세상에, 내 곁에 왔을까요? 딸아이의 웃는 얼굴을 보면 이런 생각이 들곤 합니다. '이렇게 예쁜 놈이 어떻게 나한테 왔을까?' 어떤 날은 너무나 예쁘고 감격스러워 한껏 표현하기도 하죠. "우리 딸내미는 어떻게 엄마한테 온 거야? 어떻게 이렇게 예쁜 딸이 엄마한테 온 거지?" 진심으로 감사할 일입니다.

우리 모두는 각자 '엄마, 아빠, 딸, 아들'로 만났지만 엄밀히 말하면 '친구'로 살아가는 것이 아닌가 하는 생각이 듭니다. 서로에게 좋은 삶의 동반자가 되어주고자 서로의 곁에 온 것이 아닐까요.

부모와 자식 간의 만남에는 몇 가지 특징이 있습니다. 먼저 운명적이라는 것입니다. 시간을 되돌려 똑같은 상황이 재현된다 하더라도 지금 이 아이를 그대로 만날 수 있을까요? 절대 그럴 수 없습니다. 그러니 운명인 것이죠. 세상에 단 하나뿐인 아이입니다. 이것만으로도 내 아이가 얼마나 소중한 존재인가요.

영화 〈About Tiime〉은 시간을 되돌릴 수 있는 남자의 이야기입니다. 남자는 후회되는 일이 있으면 과거로 돌아가 운명을 바꿉니다. 여자를 유혹하려다 실패하거나 동생이 교통사고로 죽을 고비를 넘기는 등 원치 않는 일이 일어나면 과거로 돌아가 현실을 바꿔놓습니다. 그러던 어느 날 과거의 사건을 되돌리고 현재로 돌아온 순간 자신의 사랑스러운 딸은 사라지고 처음 보는 아이가 물끄러미 자신을 바라보고 있습니다. 처음으로 주인공은 갈등하게 됩니다. 그러나 주인공은 자신의 본래 아이와 함께하는 삶을 택합니다. 어찌 보면 '아주 당연한' 선택입니다. 내게 온 이 아이는 무엇과도 바꿀 수 없는 소중한 존재이기 때문입니다.

우리의 만남은 이미 정해져 있습니다. 시작은 저마다 다를지 모릅니다. 누군가는 학생 신분으로 아이와 만나기도 하고, 누군가는

40대 늦은 나이에 아이를 만납니다. 시작은 저마다 다르지만, 누구나 20년가량 아이와 함께합니다. 그 동안 사랑의 모습은 조금씩 변합니다.

첫 만남부터 3년간은 정말 '눈부신 사랑'을 하게 됩니다. 배시시 웃는 모습만 보아도 사랑스럽고, 안아서 쪽쪽 빨 정도로 엄마는 아이에게 푹 빠져듭니다. 아이에게 아낌없이 사랑을 쏟아냅니다. 아이가 세 살부터 일곱 살 정도 되면 엄마는 서서히 아이에게 '세상을 보여주는 사랑'을 시도하지요. 호기심이 가득 찬 눈빛으로 세상 친구들을 만나는 아이를 엄마는 조용히 지켜봅니다. 초등학교, 중학교, 고등학교에 다닐 때면 둘 사이는 틀어지기도 합니다. 서로 잘 안 맞는다 싶을 때가 더 많죠. 이 시기에는 정신적으로 지지하며 아이의 진정한 자립을 기꺼이 응원하는 '바라보는 사랑'을 해야 합니다. 그렇지 않으면 엄마에게는 '집착'이라는 무서운 병이 생기기도 하지요.

가족사진을 가끔 들여다보시나요? 제 휴대폰 바탕화면은 가족사진입니다. 늘상 쳐다보는 휴대폰이니 별 감흥이 없는 것도 사실입니다. 하지만 어느 날은 그 가족사진을 보고는 불현듯 눈물이 나면서 행복이 밀려듭니다. 가슴이 떨리기까지 합니다. 아들은 잘생겼고, 딸은 야무지고 예쁩니다. 아이를 안고 서 있는 남편은 또 왜 이렇게 멋진지. 그들에 둘러싸여 웃고 있는 저.

이렇게 멋지고 예쁜 선남선녀가 한집에 삽니다. 우리는 같은 집에 사는 룸메이트입니다. 한평생 변하지 않을 친구입니다. 나이는 조금씩 다르지만 말이에요. 인생을 함께할 친구라고 생각하며 딸, 아들, 남편을 바라봅니다. 그들은 더 이상 제 소유물이 아닙니다. 가족이라는 이름 아래 모인 친구입니다. 영원히 배신하지 않고, 자신의 편이 되어줄 친구. 그런 친구가 있다는 것만으로 얼마나 든든한지 모릅니다.

이런 시선을 갖게 된 데 큰 영향을 주신 분은 바로 《여덟 단어》, 《책은 도끼다》, 《다시 책은 도끼다》의 박웅현 저자입니다. 박웅현 작가님의 딸 박연은 아빠가 제3계급으로 한 집에 살고 있다고 그녀의 책에서 이야기합니다. 그 정도로 아빠와의 관계가 허물없고 권위 찾지 않는 아빠의 모습이라는 거겠지요. 그리고 아빠와 엄마를 자신의 '나이 많은 친구'라고 표현한 바 있지요. 얼마나 신선했는지 모릅니다. '아, 내가 낳은 딸, 아들과도 저렇게 친구처럼, 애인처럼 때론 인생의 동반자처럼 지낼 수 있는 거구나! 꽤 멋진데?'

아무리 엄마, 아빠가 자녀를 친구처럼 대하고 싶어도 아이가 마음을 열지 않으면 할 수 없는 일입니다. 자녀와 친구 같은 사이가 되기까지 얼마나 많은 노력을 했을지 짐작하고도 남습니다. 아이의 마음을 얻으려고 얼마나 참고 기다리고 마음을 내려놓았을까요. 요즘 아이들은 생각하는 게 너무 다르다며 세대 차이를 느낀다는 부모님들이 많습니다. 그런 아이들과 친구가 되려면 부모의 생각부터 달라져야 합니다. 딸, 아들과 친구처럼 때로는 인생의 동반자처럼 지낼 수 있다면 얼마나 멋진 삶일까요. 우리 그런 삶을 살아봐요.

아이가 내게 준 '엄마'라는 표찰

종종 이런 생각을 한 적이 있습니다. '아이를 낳지 않고 혼자 살았다면 얼마나 편했을까?' 그렇다고 엄마 노릇을 만족스럽게 해내는 것도 아니면서 말이죠. 마치 너무 열심히 해서 지친 듯이 이런 말을 하는 것입니다. 아이들 앞에서는 절대 할 수 없는 말입니다. 가끔 남편에게 푸념을 늘어놓으면서 신세타령을 합니다. 날마다 화장도 하고 싶고, 긴 머리를 풀고 다니고 싶고, 카페에 앉아 하루 종일 책을 읽고 싶습니다. 집도 정갈하게 꾸미고, 남편하고 단둘이 영화도 보고 좋은 레스토랑에 가서 편하게 식사를 하고 싶습니다.

아직 엄마라는 것을 실감하지도 못하고, 육아가 뭔지 교육이 뭔지도 잘 모릅니다. 큰아이 다섯 살, 작은아이 세 살, 신참내기 엄마일 뿐이죠. '잘한다', '대견하다'고 스스로를 칭찬해 보지만 아이들만 보면 늘 자신 없고 미안합니다. 귀찮아서 소리 지르고, 아이들 마음도 몰라주니까요. 짧게 보면 힘든 이 시간도 3년쯤, 길게 봐도 8년, 20년 정도면 끝나겠죠. 차곡차곡 시행착오를 밟아가다 보면 아이도 저도 성숙해있겠지요? 그때 돌아보면 지금 이 시간이 제 인생에서 얼마나 값진 시간이었을까요?

아이가 스무 살이 되면 건강하게 세상으로 나갈 수 있게 해줘야 한다는 생각으로 매순간을 살아갑니다. '딸! 너로 인해 내가 많이 아프기도 했지만 그만큼 많이 둥글어지고 멋진 사람이 된 것 같아.' 혼잣말을 하며 아이를 바라볼 때 기분이 참 좋습니다. 분에 넘치게 사랑받는 느낌이랄까요?

아이에게 엄마는 세상의 전부입니다. 특히 어릴 때는요. 엄마는 세상을 읽는 코드 같은 것입니다. 아이는 엄마의 말투, 얼굴빛, 생각의 흐름, 습관 등을 낱낱이 보고 자라납니다. 못난 것도 곧잘 따라하고 엄마, 아빠의 좋은 점도 기가 막히게 닮아가죠. 고함치며 성질부리는 녀석을 보면서 '내 모습이 그대로 이 아이에게 옮겨가고 있구나!' 하는 생각에 일순간 멈칫할 때가 있습니다. 하지만 아빠처럼 나긋나긋하고 친절한 녀석의 평소 말투와 행동을 보면 한없이 감사한 마음도 들죠.

'어떤 엄마가 되어야 할까요? 나는 어떤 엄마일까요?' 아이는 엄마에게 위안을 받습니다. 엄마와의 관계, 엄마와 함께한 사건들 속에서 자신에 대한 존중감, 믿음을 키워갑니다. 아이에게 엄마는 낯선 사람, 낯선 세상에 나아가기 전에 도움을 청할 수 있는 그런 사람이 아닐까요? '이 사람이면 믿을 만해'라는 안전감을 주는 사람.

저는 네 가지를 잘해내고 싶습니다. 첫째는 '아이 곁에 살기'입니다. 성가실 정도로 달라붙고, 안아달라고 보채고, 제 몸을 만지작거리며 잠드는 아이를 일부러 떼어놓지 않으려고 노력합니다. 엄마에게 안기고, 토닥이는 엄마의 손길을 어릴 적 받은 포근한 사랑으로 조용히 느끼는 동안 마음이 얼마나 푸근하고 따뜻해질까요? 언제든 만지고 살을 비빌 수 있는 존재가 있다는 것이 얼마나 소중하게 느껴질까요? 물론 저리 좀 가라고, 그만 좀 기대라고 나무라기도 하지만, '매번 어떻게 잘해?' 하며 적당히 살아가고 있습니다. 이 아이가 자라서 친구가 힘들어할 때, 조용히 그 친구를 끌어안고 힘이 되어주기를 바랍니다.

생후 3년 이내에는 그야말로 몸과 두뇌가 급성장하는 아이에게 되도록 많은 자극을 주고 싶습니다. 그 기간 동안 아이는 걸음마를 배우고, 젖도 떼고, 이유식도 끊고, 어른처럼 제대로 된 밥을 먹습니다. 말도 배우고 글도 깨칩니다. 이때 책을 많이 읽어주고, 많은 이야기를 들려주고, 이것저것 함께 만들어보려고 합니다.

두뇌 시냅스가 왕성히 생성되고 연결되는 영유아기에 아이를 특별한 교육기관에 보내거나 영재 프로그램을 할 생각은 없습니다. 엄마가 들려주는 이야기만으로도 아이에게는 더없이 신선할 테니까요. 저희는 저녁마다 놀이 매트를 깔고 밀가루 놀이며 미술 놀이를 하고, 왕관을 만들고 두부를 썰고 계란을 풀고 논답니다. 아이 둘은 제 품에 안겨 그림책을 보고 얘기를 나눕니다. 아이와 놀아주는 것, 이 시기에 가장 중요한 일입니다.

또 하나 잘해내고 싶은 것은 아이에게 건강한 음식을 먹이는 것입니다. 서른 살 넘은 제 식생활은 썩 바람직하지 못합니다. 매운 낙지볶음, 길거리 떡볶이, 핫도그 등 자극적인 음식을 좋아하니까요. 하지만 아이들 먹거리는 자연에서 얻는 재료로 만들려고 하고, 제 식습관도 많이 바꾸었습니다. 더이상 가공식품이나 반조리 식품은 사지 않습니다. 간식과 반찬은 직접 만들어 먹죠. 다행히 아이들도 아이스크림이나 케이크보다 브로콜리, 삶은 양배추, 콩나물국을 더 잘 먹습니다. 더 크면 바깥 음식을 자주 접하겠죠. 하지만 어릴 때 자연의 맛을 한껏 누려야 나쁜 식생활로 한없이 기울어지는 것을 막아줄 것입니다. 식재료 본연의 맛을 느끼고 영양을 챙겨서 건강한 면역체계를 갖출 수 있도록 노력할 것입니다.

마지막으로 잘해 내고 싶은 것은 '손을 덜 대기'입니다. 아이 모습 그대로 자라게 하는 것입니다. 차차 아이가 유치원과 학교에 다니면 고정된 것들이나 제한된 것들을 많이 익히겠죠. 그래서 어릴 때는 되도록이면 아이가 하고 싶은 대로 내버려둘 겁니다. 제재하거나 억지로 강요하지 않고 말이에요.

제도권에 익숙해지는 시기를 최대한 미루고, 거침없이 자유롭게 뛰어놀 시간을 아이에게 주고 싶어요. 놀고 싶을 때까지 놀고, 자고 싶을 때 자고, 실컷 늦잠도 자게 할 겁니다. 시간 맞춰 문화센터에 가기보다 놀이터에서 그네를 타게 할 겁니다. 화장하는 엄마를 부러워하는 딸이 거울을 보며 자기 침을 얼굴 여기저기 문질러도 내버려 둘 겁니다. 학교 가면 선생님이 이렇게 말씀하시겠죠. "손에는 세균이 많아. 그러면 안 돼!" 아이의 장난, 자유, 호기심, 도전을 모두 받아주고 싶지만, 마음먹은 대로 되지는 않습니다. 저의 편견, 고정관념, 집착, 기대, 불안 때문에요.

저는 나쁜 엄마라고 자책한 적도 많습니다. 하지만 지금 생각해보면 좋은 엄마, 나쁜 엄마가 따로 있지 않은 것 같습니다. 잘해 보려고, 잘하고 싶어서 애태우는 엄마들이 있을 뿐입니다. 딸아이가 '엄마처럼 되고 싶다'고 느끼는 그런 사람이 되고 싶습니다. 어떻게 해야 할지 막막할 때 '이럴 때 우리 엄마라면 어떻게 할까'라고 되짚어보는 그런 엄마이고 싶습니다. '엄마는 사랑스러운 사람, 친절한 사람이야'라고 생각하게 만들고 싶습니다. "엄마는 내 마음을 몰라!"라며 울지 않도록 아이의 마음을 잘 헤아리며 살고 싶습니다.

오늘 밤, 오른팔에는 아들이 눕고, 왼팔에는 딸아이가 누웠습니다. 천장을 쳐다보며 도란도란 얘기를 나누는 시간이 행복합니다. '결혼하길 잘했다. 우리 아이들 참 예쁘다. 좋다', '좋다, 좋다, 참 좋다'를 연신 내뱉지만 이것 말고 더 이상의 표현할 말이 없습니다. '참, 좋다.' 우리 아이가 준 '엄마'라는 표찰에 어울리는 삶을 살고 싶습니다.

아이를 가장 귀하고 어려운 손님 대하듯

오늘도 어김없이 어린이집 교사의 아동 학대 사건이 터졌습니다. 동영상에는 밥을 먹지 않는 아이의 식판을 빼앗고 머리를 쥐어박는 선생님이 등장합니다. 아이가 먹고 있는 음식을 빼앗아 다른 아이들에게 나눠 주는가 하면, 다른 아이들은 앉아 있고 그 아이만 서서 혼나는 모습도 보입니다.

저 역시 어릴 때 어른들이 음식을 억지로 강요한 경험이 있습니다. '몸에 좋아. 먹어봐', '아니 그것도 못 먹어? 한 번 먹어보라니까!' 라며 윽박질렀습니다. 심지어 제 입에 젓가락을 갖다 대며 먹으라고 강요했습니다. 먹지 않을 권리조차 박탈당한 기분이었습니다.

우리는 어떨 때 존중받지 못했다고 느낄까요? 우리는 어떤 상황에서 상대가 나를 무시한다고 여기나요? 어떨 때 나는 상대를 귀하게 대접했나요? 우리는 어떤 상대를 어렵게 느끼고 말과 행동을 조심하나요? 이런 물음들이 가끔 뜻하지 않은 해결책을 줍니다. 아이를 귀하게 대하고 존중해야 한다고는 생각하지만 막상 어떻게 해야 할지 몰랐을 때 떠올렸던 질문들입니다.

우리 학교 주사님은 연세가 많으신데도 제게 늘 존칭을 씁니다. "오늘은 좀 늦게 퇴근하시네요? 날이 많이 추워졌어요." 그럴 때마다 어쩔 줄을 몰라 허리를 굽혀 인사합니다. 저의 얼굴 표정으로나마 송구스럽고 공경하는 마음이 전해졌으면 싶었습니다. 인품이란 저런 것일까요? 퇴근하는 길 내내 '말'에 대해 생각했습니다. 자연스럽게 예전 주사님이 떠올랐습니다. 그분은 제게 늘 반말을 하고 문단속 잘하라고 나무라기도 했습니다.

대학 교수님은 제가 졸업하자마자 호칭을 바꿨습니다. 사적이인 자리나 강의에서도 '정 선생'이라고 불러주셨습니다. 평소 제게 '여보'라고 부르는 남편은 가끔 말다툼을 할 때면 '야', '너'라고 부릅니다. 그러면 말다툼한 원인은 제쳐두고 남편의 호칭 때문에 저는 불같이 화를 냅니다.

아이들도 똑같이 느끼지 않을까요? 엄마와 선생님이 아무리 좋은 가르침을 준다 한들 반말로 나무라듯, 강요하듯 말한다면 반발심이 생길 것입니다. 어른이 정중하게 대하면 아이도 공손하게 행동하기 마련입니다. 아이에게도 존칭을 써주고, 귀한 어른처럼 대한다면 아이도 어른에 대한 존경심과 공경심이 생길 것입니다. 우리 아이에게 먼저 곱고 따뜻한 언어를 쓸 줄 알아야겠습니다.

저는 학급 아이들을 '너'라고 부르지 않습니다. 개인적으로 대화를 나눌 때 외에는 존댓말을 사용합니다. 물론 예전에는 그렇지 않았습니다. 반말을 하곤 했죠. 그러다 어느날 어린 딸아이의 한마디에 뜨끔했습니다. "엄마, '야'라고 부르는 건 욕이에요. 그렇게 부르지 마세요. 나는 최서희라고요."

함께 생각해봅시다. 여럿이 모인 자리에서 나한테는 별달리 관심을 보이지 않던 사람들이 다른 사람이 나타나자 화색을 띠며 모두 그를 반깁니다. 순간 나의 말은 홀연히 공기에 묻힙니다. 뭔가를 물어봤을 때 아무도 대답해 주지 않으면 얼마나 민망하고 초라한지 한번쯤 경험해 보았을 것입니다. 이처럼 우리의 물음이나 요구를 상대가 대수롭지 않게 여기고 어떤 반응이나 대답을 해 주지 않을 때 우리는 굴욕감마저 느낍니다.

반면 상대가 나를 극진히 챙기고 염려하고 대접해 주면 몸둘 바를 모릅니다. 상대의 태도를 보면서 나의 속 좁음과 편협함, 이기심을 깨닫고 부끄러워하기도 하지요. 다음 번 그를 다시 만나면 보답이라도 하듯 노력하게 됩니다.

드라이브할 때, 장을 볼 때, 가구를 사들일 때, 일상의 모든 상황에서 남편에게 의견을 구하듯 우리 아이에게도 의견을 물어보세요. 남편의 말을 함부로 무시하지 않듯, 의사 결정에 아이의 생각을 최대한 반영해 보면 어떨까요?

아이들은 자신의 희망 사항과 요구가 짓밟히는 순간 수치심과 모멸감을 느낍니다. 반대로 자신의 의견을 들어줄 때 아이의 자존감은 높아지고 어른에 대한 공경심마저 생깁니다. 어른도 무시당하면 민망하고 부끄럽고 속상하듯이 우리 아이들도 마찬가지입니다. 우리 집에서든 학교에서든 그런 감정을 경험하고 살게 해서는 안 됩니다. 우리의 소중한 아이들이니까요.

하지만 아이를 귀하게 섬겨야 한다고 해서 분별력을 잃어서는 안 됩니다. 아이의 의견을 존중하는 것과 아이에게 휘둘려 쩔쩔매는 것은 다르기 때문입니다. 요즘에는 아이들이 상전인 것 같습니다. 부모가 대화를 나누는 자리에 아이가 불쑥 끼어들어도 아무도 제지하지 않습니다. 모든 것을 아이 위주로, 가족의 스케줄도 아이의 학습 계획에 따라 세우죠. 아이는 엄마 아빠를 비서처럼 부리고, 부모는 아이의 요구라면 무조건 들어줍니다.

저 또한 그 경계에서 어떻게 해야 할까 고민했습니다. 무조건 들어주는 것과 한계를 정하는 것을 반드시 구별해야 합니다. 구별하는 시기는 아이가 세 돌이 지났을 무렵이 적당하다고 생각합니다. 그 나이가 되면 자신이 존중받아야 하는 만큼 상대도 소중한 존재라는 것을 이해할 수 있기 때문입니다. 다만 최소한의 한계를 두는 것이 바람직합니다. 약속이나 규칙 등에 관한 훈육은 아이 여덟 살 무렵까지 서서히 완성해 가는 것이 좋겠습니다.

아이는 부모의 햇살을 닮아 밝고, 부모의 그늘을 닮아 어둡다

더불어 육아의 정답은 결국 '내가 성장하는 것'이라고 생각합니다.

아이를 비난하다 보면 아이 잘못이 아니라 제 불찰이자 잘못임을 깨달을 때가 많습니다. 아이에게 영상 보는 시간을 제한하면서도 아이가 잠들었을 때 인기 프로그램을 시청하고 휴대전화 메시지를 살펴보느라 시간 가는 줄 몰랐던 때가 있습니다. 아이를 다그치고 가르치려 하기 전에 자신이 먼저 나아져야 합니다. 그러면 아이는 제 모습을 자연스럽게 따라 하는 것입니다.

엄마의 행동과 말에 정성이 담겨 있다면 그것은 온전히 아이에게 전해질 것입니다. 어린 아이에게도 인격을 갖춘 어른을 대하듯 온화한 말투로 의견을 물어보아야 합니다. 또한 정성스레 밥과 간식을 차려주시는 엄마 모습에서 아이는 자신이 귀한 존재라는 것을 느낄 뿐 아니라 자신이 받은 대로 남을 대할 것입니다.

여름날 선풍기를 작은 발가락으로 눌러 끄는 딸아이의 모습을 보았습니다. 코 파던 휴지를 말아서 아주 자연스럽게 두루마리 휴지심에 구겨 넣는 모습을 보았습니다. 어디서 보고 따라 하는 것일까요? 다름아닌 저였습니다. 제 말투, 제 습관, 제 판단 기준 등을 모조리 따라 하는 다섯 살짜리 딸아이를 보면서 순간 두려움이 엄습했습니다. 제가 잘못하면 아이도 잘못한다는 사실을 깨달은 것입니다. 결국 부모가 먼저 아이를 존중하고 귀하게 여기면 아이도 그런 존재로 성장할 것이라는 확신을 가지게 되었습니다.

《섬기는 부모가 자녀를 큰사람으로 키운다》(전혜성)를 보면 아이들은 부모의 삶을 아주 구체적으로 관찰하고 자세한 부분까지 기억한다고 합니다. 아이들은 지극히 평범하고 일상적인 곳에서 멘토의 모습을 발견한다고 합니다. 아이를 교육하기 전에 제가 먼저 바른 모습을 보여주어야 하는 이유입니다.

그 책에서는 부모가 자신의 모든 행동을 재점검하지 않을 수가 없다고 말합니다. 부모의 그늘과 햇살 아래서 숨 쉬고 자라난 아이는 부모를 닮을 수밖에 없습니다. 우리의 말, 우리의 행동이 더욱 조심스러워지는 이유이기도 합니다.

그러나 일상은 참으로 힘든 일의 연속이죠. 가끔 우리 아이들은 일명 진상 고객과 너무 닮지 않았나요? 한없이 예쁘다가도 하루에도 몇 번씩 고비를 맞게 하는 녀석들입니다. 가끔은 제 고함 소리가 현관문을 뚫고 나가 이웃집까지 들리면 어쩌나 싶을 때도 있습니다. 감정 조절을 하지 못하고 아이에게 소리 지를 때도 있습니다. 아이에게 폭언을 하거나 몸을 잡고 흔들 때는 어린이집 학대 교사가 따로 없습니다. 바로 이런 제 모습이 CCTV에 찍혔다면 아마 저는 아동학대로 신고당했을지도 모릅니다. 그럴 때마다 제 자신을 돌아봅니다. '참 사람답게 살기가 힘들구나. 어린 자식이 나를 키우는구나. 내가 이렇

게 부족하구나.'

친구나 이웃에게는 그렇게 친절하고 상냥하게 웃어 보이면서 왜 아이에게는 그토록 무례하고 불손한 걸까요? 허물없는 사이일수록 더욱 조심하고 상처를 주지 않아야 하는데 말입니다. 마음속으로 이런 다짐을 해봅니다. '가장 귀하고 어려운 손님 대하듯 아이를 대하지.' 아이는 고작 십여 년 있으면 엄마의 품을 떠날 손님입니다. 언젠가는 떠날 귀한 손님과 보내는 하루하루가 소중합니다. 한 해가 지날수록 아쉬움이 밀려듭니다. 귀한 손님은 우아한 모습으로 따뜻하게 맞아들이고 정성 들여 차린 음식을 대접합니다. 손님에게 너그럽지 않은 주인장이 있을까요.

아이가 선택한 것에 대해 '옳다 그르다 좋다 나쁘다'고 평가하고, 다른 선택을 하라고 강요하지 않았는지 조심스럽게 생각해 봅니다. 아이에게 친절하게 말하고 사랑스럽게 아이를 바라보았는지 돌이켜봅니다. 그래도 예전보다는 많이 나아진 제 모습을 떠올리고 안도의 한숨을 내쉽니다.

한 아이의 엄마는 누구에게나 관대하고 조심스러워야 합니다. 아이와 함께 사는 1년, 2년…… 그 시간 동안 저 역시 어른다운 어른이 되어가고 있습니다. 아픔과 반성의 시간이 쌓여 아주 작은 변화가 일어납니다. 지난해보다는 아이들에 대해 좀더 여유로워진 것에 감사합니다. 어제보다는 오늘 더 침착하게 아이를 대할 수 있어 뿌듯합니다. 거칠고 부족한 제 연애 상대가 되어준 사랑스러운 딸에게 고맙습니다.

학교일로 힘없이 퇴근 한 어느 날, 엄마는 저녁 밥상에서 따뜻하게 제 마음을 어루만져 주었습니다. 저는 그날 엄마의 귀한 손님이었습니다. "학교 다니기 힘들지? 내 자식도 키우기 힘든데, 그 많은 아이들 다 살피기가 얼마나 힘들겠니. 속 썩이는 아이일수록 칭찬해 주고 사랑해 줘라. 옛말에 선한 사람도 악하게 대하면 악한 사람이 되고, 아무리 악한 사람이라도 받아주고 사랑해 주면 선한 사람이 된다고 했다. 힘들어도 '예쁘다 예쁘다' 해야 아이도 엇나가지 않아. 알지, 우리 딸?" 엄마는 그날 '사람을 긴히, 소중히 여기라'고 말씀해 주셨습니다.

엄마의 모습을 그대로 닮는 아이들

1학년 아이들과 금연 포스터를 만들 때였습니다. "우리 엄마는 베란다에서 만날 담배 피워요. 아빠가 하지 말라고 하는데도요.", "어제 우리 아빠는 엄마한테 혼났어요. 담배 피우고 엄마한테 뽀뽀하려고 했거든요." 아이들은 학교에 오면 온갖 집안 이야기를 늘어놓는답니다.

한 번은 가정에 대한 공부를 하다가 "사랑하는 사람을 만나 결혼을 하고, 아이도 낳지"라는 말이 끝나기가 무섭게 한 아이가 불쑥 말했습니다. "어, 우리 엄마 아빠는 결혼하기 전에 저를 낳았는데요?" 아이들은 할 이야기도 많고 자랑하고 싶은 것도 많고 하소연할 것도 많은가 봅니다.

아이들은 엄마의 안색을 살피고 엄마의 감정을 읽습니다. 엄마가 사람들과 나누는 대화를 가만히 듣고 있다가 엄마가 어떻게 생각하고 말하는지 지켜봅니다. 엄마가 다른 사람과 헤어지고 아빠와 그에 대해 나누는 이야기를 듣고서 엄마의 마음을 읽고, 엄마가 사람과 세상을 바라보는 관점도 바라봅니다. 문제가 생겼을 때 엄마가 어떻게 해결해 나가는지 보고 있다가 자신도 그와 비슷하게 적용해 봅니다.

동생이 생기고 친구를 만나면서 어김없이 제 흔적이 아이의 입과 손길과 눈빛을 통해 돋아납니다. 아이를 통해 드러난 제 흔적은 어떤 것들은 아름답고 또 어떤 것들은 모나고 추합니다. 그래서 더더욱 우리 집 꼬마 손님인 딸아이, 아들이 조심스럽습니다. 제 모습을 온전히 보고 자라나는 두 아이가 우리 집에 살고 있습니다.

아이는 엄마의 모든 것을 알고 있습니다. 엄마의 치부도, 엄마의 위대함까지도. 아이가 제 못난 모습, 좋은 모습을 고스란히 물려받을 거라면 당당하게 살아가고 싶습니다. 그것은 지시나 명령 같은 잔소리보다 더 강력한 유인책을 지녔으니까요. 제 모든 행동과 사고방식은 시공을 초월하여 제 아이의 마음과 행동에 접속하고 있습니다. 어쩌면 뱃속 탯줄과도 같은 그 무엇입니다. 엄마로 인해 감동받고, 엄마의 행동을 본받고, 엄마로 인해 주변과 자신에 대해 잘못된 것과 그렇지 않은 것을 구분합니다.

학교에서 만난 준길이란 아이는 여성을 비하하는 발언을 자주 했습니다. 준길이는 여자가 하는 일은 무조건 반대하고 나쁘게 말했습니다. 우리 반 여자아이들과 다른 선생님들은 준길이의 말을 듣고 몹시 불쾌해했습니다. "너희가 하니까 그렇게 된 거야. 여자애들은 제발 나서지 좀 마." "선생님은 여자라서 그래요. 그래서 모르는 거예요." 준길이는 모든 일에서 여자를 끼워주지도 않고, 여자를 인정하려고도 하지 않습니다. 심지어 선생님인 저에게조차 '여자라서'라고 말합니다.

준길이 엄마는 준길이가 다섯 살 되던 해에 집을 나갔습니다. 아버지와 할머니와 사는 준길이는 엄마, 아빠 때문에 상처를 받았겠죠. 하지만 저는 어느 정도인지 정확하게 알지는 못합니다. 아이의 태도를 보고 짐작만 할 뿐이지요. 준길이는 할 일이 없을 때는 항상 가위나 칼을 만지작거리다 손에 상처를 내곤 했습니다. 손가락을 물어뜯어서 피가 나고 손가락 끝에 굳은살이 박이기도 했습니다.

1학년 때 담임을 맡고 3년이 지났습니다. 학교 급식실이나 복도에서 가끔 준길이를 만납니다. 그때마다 아이는 웃으며 인사를 건네지만 제 눈에는 안쓰러운 기색이 역력합니다. 아이가 숨 쉬고 밥 먹고 잠자는 공간에 안전한 느낌, 사랑스러운 감정, 고마운 기운들, 평온함이 배어 있다면 아이는 그 느낌들을 고스란히 안고 사랑스럽게 자라날 텐데 말입니다. 준길이의 집에는 그런 따뜻한 것들이 많지 않은 것 같았습니다. 아이들에게 어떻게하면 따뜻하고 선한 영향력을 줄 수 있을까요?

놀이터에서 딸과 모래놀이를 하고 있었습니다. 곁에 있던 아이가 비눗방울 놀이를 하고 싶다고 하니, 그 아이 엄마가 비눗방울을 사 오셨습니다. 우리 아이와 다른 아이 것까지 세 개를 사 왔습니다. 그 순간 생각했습니다. '아, 이렇게 하는 거구나! 아이는 이렇게 키우는 거구나!' 그 엄마는 제가 놓치고 있었던 부분을 일깨워주었습니다. 저는 삽과 물뿌리개 등을 다리 사이에 끼고 혼자 노는 딸에게 "친구랑 함께 놀면 더 좋지 않을까? 놀잇감도 나눠 갖고 말이야!"라고 달래기 바쁜 엄마였습니다. 저는 말이 아니라 행동을 먼저 해야 했습니다. 우리 아이의 장난감을 살 때 다른 아이를 함께 생각해야 했습니다. 그런 엄마 밑에서 자란 아이는 학교에서도 친구와 함께 어울리는 아이로 커나갈 것입니다. 엄마가 그리 사는 법을 보여줬으니까요.

해외 리조트에서 휴가를 보내는 상상만으로도 기분이 좋습니다. 새로 장만한 수영복을 입고 아이들과 물놀이를 할 생각을 하니 미리부터 마음이 설렙니다. 하지만 휴양지로 가족 여행을 가는 대신 필리핀 톤도나 인도네시아 등으로 봉사를 떠나는 엄마가 있습니다. 비행기 값과 3~4일의 연휴를 기꺼이 봉사에 투자하는 엄마를 보며 자란 아이는 시간과 돈을 좀더 값지게 쓰는 법을 배울 것입니다. 어려운 사람에게 기꺼이 기부하는 아이와 '나도 힘들어. 내가 불우이웃이야!' 라고 비아냥대는 아이를 만드는 것은 다름 아닌 바로 우리 엄마들입니다.

남편은 게임을 좋아합니다. 인정해야지 하다가도 게임하는 모습을 보면 저도 모르게 이렇게 말하곤 합니다. "또 게임이야? 참 열심히 산다!" 어느 날 아빠에게 딸아이가 이렇게 말하더군요. "아빠, 일어나자마자 또 게임해? 만날 게임이군!" 이제 겨우 다섯 살 딸아이의 입에서 나온 말입니다. 아이가 엄마인 제 말을 느낌까지 고스란히 재현하고 있었습니다.

아이가 아빠를 존경했으면 하는 마음에 "서희 아빠는 참 친절하셔, 멋져!"라며 한껏 치켜세웠던 제 바람이 산산이 무너지는 순간이었습니다. 아이에게는 진심을 듣는 귀가 있는 것 같습니다. 부모는 아이가 배웠으면 하는 것을 보여주기 위해 노력하지만 아이는 그보다는 엄마 아빠의 진심을 먼저 알아보는 듯했습니다. 의도를 가지고 꾸민 것들을 결코 따라 하지 않는 것을 보면 말입니다. '뼛속까지 진실하지 않으면 아이는 움직이지 않는다'는 것을 깨달았습니다. '보이지 않는 곳에서도 떳떳하게 살아야겠다는 생각이 들었습니다. 그래야 아이들이 보고 배우기 때문입니다.

공공 화장실에서 일을 보고 휴지를 홱 던졌는데 쓰레기통 밖으로 떨어졌습니다. 모른 척 뒤돌아서 나오다 돌아서서 휴지를 집어 쓰레기통에 넣었습니다. 그냥 나왔다면 기분이 개운하지 못할 뻔했습니다. 또, 언젠가 뷔페 입구에서 살짝 망설였습니다. 36개월 이상부터는 음식값을 지불해야 하는데, 순간 아이 나이를 속일까 하는 유혹에 빠진 것입니다. 하지만 결국 아이의 값을 정직하게 계산했습니다.

당연한 일인데도, 떳떳하지 못한 유혹을 떨친 저 자신이 대견

했습니다. 보이지 않는 곳에서도 떳떳하게 산다는 것은, 작지만 이런 일부터 실천하는 것이 아닐까요. 아이 앞에서 휴대전화를 들고 있는 모습을 보이지 않아야겠다는 생각으로 카카오톡 횟수도 줄였습니다. 남편이 들어오면 부리나케 일어나 “여보 왔어? 보고 싶었어!” 하며 달려 나가 맞이했습니다. 나의 행동, 나의 사고와 보이지 않게 연결되어 있는 아이 앞에서 최대한 괜찮은 모습으로 살아가고 싶습니다. 아이를 키우며 ‘힘들어’, ‘귀찮아 죽겠어’라는 생각이 끊임없이 맴돌지만 그래도 어제보다 오늘 더 멋져진 나를 발견합니다.

'모두의 엄마' 되기

교사로서 '베품'과 '나눔'이라는 말을 많이 입에 올리지만, 정작 그것을 실천하며 살아보지 못한 것 같습니다. 수많은 책에서 기부와 봉사의 가치를 접합니다. 에세이와 자기 계발서도 공동체에 기여하고 인류 발전에 공헌하는 삶을 살아야 한다고 이야기합니다. 책을 읽을 때는 기꺼이 수긍하면서도 실제 삶에서는 어쩜 그리 인색하고 계산적인지 모릅니다.

어느 날 학교 요리 수업을 위해 아이들에게 각자 재료를 나눠서 준비해 오라고 했습니다. 그런데 명지라는 아이는 유독 준비물이 많았죠. 아이가 챙겨온 투명 용기 속에는 생크림, 잘게 잘라 나눠 담은 과일들, 테두리가 예쁘게 잘린 식빵이 듬뿍 담겨 있었습니다. 행여

모둠 친구들이 그 아이에게만 부담을 준 것은 아닌지 염려스러워 살짝 물어보았습니다. "명지야, 왜 이렇게 많은 것을 가져왔니?" 그러자 명지는 천진난만하게 말했죠. "엄마가 친구들하고 나눠 먹으라고 싸 주셨어요."

자기가 책임져야 할 것도 제대로 챙기지 않는 사람이 있는가 하면, 딱 자기가 맡은 만큼만 책임지는 사람이 있습니다. 그리고 다른 이들이 책임져야 할 것까지도 여유있게 살펴 챙기는 사람들이 있죠. 저는 딱 제 몫만큼만 책임지는 사람인 것 같습니다. 제 몫으로 주어진 것은 잘 해내지만, 그 이상은 생각하지 못하는 것입니다. 예를 들어 요리 수업을 한다고 하면 비닐장갑도 제가 쓸 것 하나만 준비합니다. 각자 음식을 조금씩 가져오는 포트락 파티에 갈 때는 간단하고 돈이 많이 들지 않는 요리 한 가지를 적당히 챙겨 가며 '내 도리를 다 했다'고 생각하는, 조금은 얌체 같은 사람입니다.

그런데 아이를 키우면서 조금씩 부끄러워지기 시작했습니다. 다른 엄마들은 제 아이에게 뭐라도 하나씩 챙겨주는 것이었습니다. 항상 더 많은 것을 가져와 나눠 주는 사람들을 보면서 고맙다는 생각이 드는 한편 부끄러웠습니다. 아낌없이 베푸는 그들을 보면서 숙연해졌습니다. 그동안 '내 것, 내 아이 것, 우리 가족 것'만 신경 쓰면서 살았습니다. 남들을 돌아볼 마음의 여유가 없었던 것입니다. 실컷 받고 나서 그제서야 '나도 베풀어야하지 않을까?'하는 생각이 들었죠. 지금도 노력하고는 있지만 아직은 많이 부족합니다.

《엄마 자격증이 필요해요》의 저자 서형숙님은 아이가 어렸을 때 육아 강의를 많이 들으러 다녔다고 해요. 그런데 엄마를 따라온 자녀들 때문에 강의를 제대로 들을 수 없었다고 합니다. 아이들이 강의실에 들락날락거리고 소란을 피웠던 겁니다. 그러자 서형숙님은 강의실을 나가 아이들을 모아두고 놀이를 하며 돌봐주었다고 합니다. 덕분에 다른 어머니들은 편하게 강의를 들을 수 있었다고 합니다.

한 아이가 시험지를 다 풀고 그 다음 교시 책을 꺼내 들고 공부를 하고 있었습니다. 감독 선생님은 그 아이에게 다가가 다른 아이들이 보는 앞에서 뺨을 후려쳤고, 반 아이들은 깜짝 놀랐습니다. 뺨을 맞은 아이의 친구 아버지는 그 이야기를 전해 듣고 학교로 찾아갔습니다. 선생님과의 대화로도 별다른 해결점이 보이지 않자, 그 아버지는 그 아이와 공원 벤치에 앉아 이런 이야기를 나누었습니다.

"그 누구도 너의 뺨을 때릴 권리는 없어. 네가 무슨 실수를 하든, 무슨 잘못을 하든, 절대 뺨을 맞을 이유가 없어. 그건 선생님이 잘못하신 거야. 그건 부당한 일이야. 넌 그걸 알아야 하고 누군가는 그 얘기를 너한테 해줘야 해. 알았지?"

우리 아이가 아닌 딸 친구의 일에도 발 벗고 나서는 사람, 아이의 친구에게 이런 이야기를 해줄 수 있는 사람, 그런 어른이 되어주고 싶습니다. 이 일화는 박웅현 작가 이야기입니다.

요즘 딸과 함께 동네 도서관 자조모임 미술놀이를 다닙니다. 그런데 우리에게는 개별 준비물을 알려주고는 한두 시간씩 먼저 와

미리 준비를 하는 어머니가 있습니다. 몇 개만 필요한 공동으로 쓸 재료는 본인이 준비해 옵니다. 그러고는 아이들 하나하나 이름을 불러주며 다독이고 활동을 격려해 줍니다. 놀이 중 찍힌 사진 속에는 매 순간 인자하게 바라보고 미소 짓는 그분이 있었습니다.

또, 매주 금요일 아침마다 교실에 들러 아이들을 둘러앉히고 책을 두 권씩 읽어주던 학부모님도 있었습니다. 하굣길에 쪼그려 앉아 딸 친구의 겉옷을 여며주는 어머니를 보고 너무나 가슴이 따뜻해지기도 했습니다. 학부모 공개 수업에 엄마가 오지 않아 엉엉 우는 아이 곁에 가서 눈물을 닦아준 어머니도 있었습니다. 자기 아들과 친구가 놀이터에서 노는 모습을 사랑스럽게 쳐다보는 어머니도 보았습니다. 자신의 아이에게 무조건적으로 양보와 이해를 요구하지 않으면서 아이 친구를 뒷전에 남겨두지도 않았습니다. 그런 어머니들을 보면 나는 왜 마음이 그처럼 넓지 못할까 부끄러웠습니다.

한 강물에 발 담그고 있는
우리 아이들

요즘 부모들은 혹여 자기 아이가 상처받지는 않을까 전전긍긍합니다. 자기 자식만 귀하게 키우느라 남의 자식은 안중에도 없다고 비난하는 사람들도 많습니다. 하지만 그렇지 않은 부모들도 많답니다. 그들이 보여주는 관대함과 넓은 마음씀씀이는 어떻게 하면 가질 수 있을까요? 나도 그런 마음을 갖고 싶습니다. 아이 뒷바라지를 할 여력이 없는 것보다 그런 모습을 보이지 못하는 것이 더 부끄럽게 여겨집니다.

자신이 투여한 돈과 시간에 대해 이성적인 판단과 계산의 관점에서 보면 그들의 행동은 결코 합리적이지 않습니다. 오히려 손해를 보게 되는 비합리적인 행동입니다. 그러나 함께하는 아이들의 행복은 금전적인 가치를 매길 수 없는 것입니다. 계산된 선행이라면 망설이는 모습이 엿보일 텐데 그들의 행동은 몸에 밴 듯 즉각적이고 자연스러웠습니다.

그들은 남다른 가치관을 갖고 있었던 것입니다. 확고한 가치관이 자리 잡고 있지 않으면 이기심에 손쉽게 굴복하고 타협할 것입니다. '내 자식이 먼저', '내가 손해 보면 안 된다'는 생각에서 벗어날 수 없습니다. 더 크고 가치 있는 신념이 있었기에 우리 아이뿐 아니라 남의 아이까지 챙길 수 있는 것입니다. 그들의 행동을 한두 번쯤은 흉내 낼 수 있습니다. 하지만 진솔되게 일관된 모습을 보일 수는 없습니다.

그런 행동을 하면서도 그들은 힘든 기색, 귀찮은 기색도 없고 공치사를 하거나 생색을 내지도 않습니다. 감사의 인사를 받고 싶어 하지도 않습니다. 그들의 얼굴과 몸짓 어디에서도 억지로 하는 기색이 엿보이지 않았죠.

살아가면서 다른 사람의 도움이 필요할 때가 무수히 많습니다. 사람은 자기 혼자 살아갈 수 없는 존재입니다. 더구나 아이를 가진 엄마들은 더더욱 주위 사람들의 도움이 필요합니다. 제가 필요할 때 도움을 받을 수 있도록, 저 역시 가능한 나누며 살아야겠습니다.

어머니는 늘 이렇게 말씀하셨습니다. "옛말에 공은 닦은 대로 가고 덕은 쌓은 대로 간다고 했다. 그러니 착하게 살아야 해." 베풀고 살면 언제든 복을 받을 것이며, 베푼 덕을 아까워하거나 덧없어 하지 말라는 뜻인 것 같습니다. 언제든 어떤 형태로든 누구에게든 자신이 뿌린 사랑과 평화와 겸손을 되받게 마련이라는 것입니다.

한 아이의 엄마가 되는 것보다는 '모두의 엄마'가 되고 싶습니다. 아이를 잘 키워보겠다는 생각보다 가치 있게 살아가는 엄마이고 싶습니다. 그러기 위해 무엇을 해야 할까요?

그동안 저는 돈이 드는 일에 특히 인색했던 것 같습니다. 그래서 모임에 갈 때마다 물질적인 것을 저와 제 아이가 필요한 것보다 조금씩 더 준비해 보려고 노력했습니다. '내 아이에게만 지나치게 몰두하고 있었구나!'라는 생각이 들 때마다 함께 하는 다른 아이들도 살펴보았습니다.

제 아이와 주변의 모든 아이들이 한 강물에 발을 담그고 있습니다. 제 아이처럼 남의 아이도 똑같은 마음으로 바라보고 안으려 합니다. 제 것에 대한 집착, 계산적인 저울질을 그만하고 베풀고 나누는 삶을 살겠습니다.

꿀물이 뚝뚝 떨어지도록

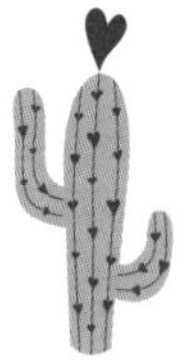

초콜릿 봉지 속에 들어 있는 초콜릿 하나하나에 초콜릿 냄새가 배어 있습니다. 아이들은 엄마, 아빠와 함께 살면서 그 공간의 냄새를 맡고 살아갑니다. 그 공간의 냄새는 엄마와 아빠, 아이에게도 배어 있죠. '한 봉지 속'에 있다는 이유만으로 그 향기, 그 느낌, 그 분위기를 온전히 느끼게 됩니다. 아이를 키우며 아이와의 관계 못지않게 남편과의 관계도 중요한 이유입니다.

제 남편은 참으로 친절하고 상냥한 사람입니다. 하루 종일 아이와 함께 있을 나를 위해 행복한 기분을 한껏 북돋우고 출근을 합니다. 그 기운으로 아이와 힘차게 하루를 보낼 수 있습니다. 하지만 남편과 사소한 말다툼이라도 하고 나면 저도 모르게 아이에게 쏘아붙이듯 말합니다. 그럴 때면 마음이 차갑게 얼어붙는 것을 스스로 느낍니다. 차가운 제 마음 또한 아이에 대한 무관심으로 이어질 것을 알기에 남편은 최선을 다해 사랑을 전하고 출근하는 겁니다. 자신이 주고 간 사랑으로 아이들과 즐겁게 하루를 보내라고 말입니다. 그 마음을 알기에 저 또한 멋진 엄마가 되자고 다짐합니다. 조심스럽게 아이를 대할 수 있기를 기도하고, 행여나 불편한 마음이 아이에게 옮겨 가지 못하도록 마음 관리를 합니다. 물론 안 될 때가 많지만요.

저는 종교가 없습니다. 하지만 가수 션의 말은 제게 큰 울림을 주었습니다. "하나님은 귀한 아이의 평생을 저희 부부를 믿고 맡겨주셨습니다. 어쩌면 믿을 구석이라고는 전혀 없는 저희를 하나님께서는 믿어주시고 너무도 아끼고 사랑하는 귀한 생명을 맡기셨습니다."

아이를 키우다 보면 순간순간 한계에 부딪힙니다. '이건 아닌데, 이러려고 결혼하고 아이를 낳은 건 아닌데……' 하는 마음이 하루에도 수없이 솟구치죠. 아이 앞에서 한없이 무너지고 초라해집니다. 육아에 관한 책을 읽고 주변 사람들의 조언을 들으면서 다짐했습니다. '나는 아이를 이렇게 대할 거야. 아이에게 강요하지 않고 간섭하지 않고 온전히 자신의 뜻과 욕구대로 살 수 있게 놓아줄 거야. 조건 없이 사랑하자.' 모든 엄마 아빠 마음이 저와 같지 않을까요. 하지만 아이와 지내다 보면 금세 그 마음은 무너지고 다시 분노하고 나태해지고 어리석은 모습으로 돌아갑니다. 그러나 부족한 우리 부부에게 귀한 생명이 주어졌기에 최선을 다해 살아내고 싶습니다.

저는 친구들에게 가끔 놀림을 받곤 합니다. 너무 남편에게 빠져 사는 것 아니냐고요. 너무 남편 자랑을 많이 하는 거 아니냐고요. 하지만 그 말이 듣기 싫지만은 않습니다. 저는 남편에게 푹 빠져 있습니다. 남편이 너무나 존경스럽고 사랑스럽거든요. 물론 남편은 저를 어떻게 생각하는지 모르지만요.

지금의 생활에 만족합니다. '사람은 모두 같다'는 생각으로 남편의 마음을 헤아리면 이해의 폭이 넓어지는 것 같습니다. 그리고 '남자'에 대한 이해, '사랑'에 대한 묵상, '삶'에 대한 통찰을 조금씩 하다 보면 어떻게 하면 남편과 잘 살아갈지 길이 조금씩 보입니다.

남편의 소중함을 아는 아내가 가장 현명하다

《낭만적 연애와 그 후의 일상》(알랭 드 보통)에는 이런 글귀가 나옵니다. "우리 눈에 정상으로 보일 수 있는 사람은 우리가 아직 깊이 알지 못하는 사람뿐이다." 나와 함께 사는 남편을 너무 많이 알고 있기에 어쩌면 애증이 깊을 수 있는 것입니다. 어느 날 남편과의 결혼이 무척이나 후회스러울 때, 이렇게 자신을 다독일 수도 있지 않을까요? '내가 남편을 너무 많이 사랑하는구나. 너무 좋아해서 그의 아픔도 못난 점도 다 보이는가 보다.' 애증은 사랑의 다른 면일지도 모릅니다. 결국은 상대의 본심을 헤아리고 연민의 감정을 느끼며 조심하면서 서로 힘을 주며 살아내는 것이 부부 아니겠습니까?

어찌 보면 남편을 사랑하고, 남편의 사랑만 있으면 아이들과 힘차게 하루를 보낼 수 있습니다. 그 작은 20평 아파트에 매일매일 뽀뽀하고 매만져주는 부부가 살고, 그들의 사랑을 받으며 한없이 자유로운 영혼들이 살아간다면 삶은 그야말로 선물 같을 것입니다. 사실은 제가 그렇게 살아가고 있습니다. 1년 중 200일 이상을 말이에요. 하루하루가 감사하고 행복합니다. 결혼 전보다 제 남자가 더 더 사랑스럽고 멋져 보입니다. 남편이 제게 준 깊고 싱그러운 사랑으로 저는 이런 결론을 내려 봅니다. '아내를 왕창왕창 사랑해주는 남편이 있으면 아가야는 만날 웃는다. 가장 현명한 아내는 그런 내 남편을 아주 소중히 여기는 사람이다.'

미국의 유명한 뇌과학자 존 메디나 박사의 부모 교육 특강에서 이런 질문이 있었다고 합니다. "어떻게 해야 우리 아이가 나중에 하버드에 갈 수 있을까요?" 박사의 답은 명료했습니다. "집에 가서 아내에게 잘해주세요." 건강한 부부 사이는 아이에게 안정적인 감정의 토대를 형성해줄뿐만 아니라 뇌발달에도 깊게 관여한다고 하네요.

끝으로 에스더 휙스의 시 한 줄을 옮겨 적습니다. "아이는 신이 인간에게 내린 최고의 선물이며, 화목한 부부는 아이에게 줄 수 있는 최고의 선물이다."

6장

지금을
행복하게 살아요

: 아이와 지금 행복하기

아이가 크는 모습을 '지켜볼 뿐'

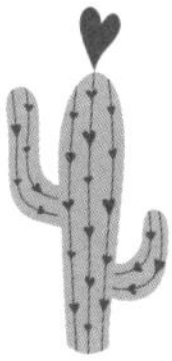

우리는 흔히 아이를 '키운다'고 표현합니다. "아이를 어떻게 하면 잘 키우죠?"라고 묻습니다. 그런데 아이는 키우는 존재가 아닙니다. 화분에 심은 식물도 우리는 '키운다'고 합니다. 하지만 식물은 스스로 자랍니다. 단지 우리가 물을 준다는 것만으로 키운다고 착각하는 것입니다.

생명이 있는 것은 스스로 자신의 삶을 영위합니다. 우리 아이도 우리가 키워서 크는 것이 아닙니다. 우리는 다만 맛있는 밥을 차려주고, 따뜻한 옷을 입혀줄 뿐입니다. 그것만으로 아이를 키운다고 생각하는 것이죠. 그나마 그것도 아이 스스로 할 수 없을 때에나 해줄 수 있는 것입니다.

엄마가 아이에게 해줄 수 있는 것은 따뜻한 밥을 해주고, 철마다 필요한 옷을 사 주고, 편안히 쉴 수 있는 방을 마련해 주는 것입니다. 그것 외에는 자칫 간섭과 통제가 될 수 있습니다.

부모는 아이의 수학 성적을 올리기 위해 학원을 알아보고 등록합니다. 채소가 몸에 좋다고 해서 아침마다 케일과 토마토를 갈아 먹입니다. 아이는 싫다고 하는데도 말이죠. 여름에는 머리를 묶고 다녀야 시원하다고 잔소리를 합니다. 좀 짧게 자르자고 강요하기도 하죠. 아이는 긴 머리가 너무나 좋은데 말입니다. 자기는 긴 머리가 잘 어울리는데 엄마는 자꾸만 머리를 자르라고 합니다. 엄마의 머리칼도 아닌데 말이에요.

'그냥 밥만 주면 되는데…….'

'그냥 예쁜 옷만 사주면 되는데…….'

'그냥 시원한 방에 예쁜 커튼 하나만 달아주면 되는데…….'

엄마 뜻대로 길들이려고 하면 아이는 숨 쉴 곳을 찾지 못합니다. 아이는 전혀 고마워하지 않을지도 몰라요. 때때로 숨이 막힌다고 친구들에게 엄마 흉을 볼지도 모릅니다. "고마워요, 엄마"라고 하지만 건성일 때도 많습니다. 제 마음대로 할 수 없는 현실이 짜증 날 뿐이죠.

내버려둡시다. 그냥 지켜봅시다. 아이들은 그런 엄마를 가장 고마워할 겁니다. 아이가 그 이상 부탁하면 그때 도와주면 됩니다. 그것이 가장 현명한 엄마의 모습입니다. 아무것도 해준 것이 없는 것 같지만, 아이한테는 최상의 것을 준 셈입니다. 하고 싶어 하는 대로 내버려두고, 필요할 때 용돈을 주고, 가끔 일상을 체크해 주는 그런 엄마가 최고입니다.

딸아이 책을 읽어주다 보니 '정원을 가꾸는 공주 이야기'를 알게 되었습니다. 세상에서 가장 예쁜 정원을 갖고 싶은 공주는 씨앗을 심은 날부터 날마다 땅을 살펴봅니다. 뚫고 나오지 못하면 손으로 흙을 파헤치고, 햇빛이 강하면 양산을 씌워주었습니다. 공주는 최선을 다했습니다. 벌과 나비가 날아와 성가시게 굴면 꽃봉오리에 봉지를 묶어서 막아주었습니다. 그야말로 정성을 다했죠. 그런데 꽃들은 점점 시들어가더니 결국 죽고 말았습니다. 훌륭한 정원사는 그저 물을 주고, 바라보고, 이따금씩 '그것 참 예쁘구나' 하며 흐뭇하게 웃을 뿐입니다. 우리는 공주처럼 아이들을 대하고 있지 않나요? 훌륭한 정원사가 되어보세요. 그저 바라보고 가끔 잘하고 있다고 말해 주는 것만으로 충분합니다.

우리 아이가 빨간 틴트를 바르고 아이돌 춤을 출 때 기꺼이 응원해줘야 합니다. 더운 여름날 목덜미가 땀으로 흥건할 만큼 머리를 치렁치렁 풀고 다녀도 내버려두세요. 아이에게 하고 싶은 말이 많더라도 참아보세요. 머리를 묶어 다니면 시원하고 깔끔하다는 것을 모르는 사람은 없을 겁니다. 하지만 아이 나름대로 머리를 풀고 다니는 이유가 있을 겁니다. 그것을 침범해서는 안 됩니다. 어리석은 공주처럼 꽃을 키우려 들다가는 되레 꽃이 시들어버립니다.

네 살짜리 딸아이와 놀이터에 갔을 때의 일입니다. 딸아이는 그네를 타고 싶었습니다. 그런데 키 큰 언니들이 계속 그네를 차지하고 놓아주지 않았습니다. 딸아이는 멀리서 바라보기만 했죠. 저는 "얘들아, 우리 애 그네 한 번만 타보면 안 될까? 양보 좀 해주겠니?"라는 말이 목구멍까지 차올랐지만 꾹 눌렀습니다. 안타까운 마음에 딸아이에게 말했죠. "언니한테 가서 한 번 태워달라고 해봐." 하지만 쉽사리 용기가 나지 않았는지 딸아이는 애꿎은 모래만 만졌다 두드렸다 할 뿐이었습니다.

그런데 잠시 후 아이가 갑자기 뛰어가더니 놀이터 중간쯤에서 엎어졌습니다. 바라보니, 어느 순간 언니들은 보이지 않고 빈 그네만 흔들리고 있었습니다. 딸아이는 이때다 싶어 내달리다가 모래 바닥에 그만 고꾸라지고만 것입니다. 그 모습이 너무도 예쁘기도 하고, 한편으로는 안타까워서 눈시울이 뜨거워졌습니다.

딸아이는 잠시 엎드려 있더니 이내 툭툭 털고 일어나 그네로 달려갔습니다. 그네 줄을 잡고 있는 딸을 보며 생각했습니다. '해냈다. 우리 딸이 해냈어. 저렇게 하나씩하나씩 스스로 해나가는구나.' 제가 먼저 나서서 아이들에게 양보해 달라고 하지 않기를 잘했다는 생각이 들었습니다. 얼마 지나지 않아 아이 스스로 해결했으니 말입니다. 그 덕분에 아이는 조금 더 큰 듯했습니다. 아이는 스스로 크는 것이 맞은 것 같습니다. 제가 키우지 않을수록 더 단단하게 커가는 것입니다.

아이가 넘어지고 얻은 경험이야말로 진정한 배움입니다. 깨달음과 동시에 아이는 성취감을 얻었습니다. '해냈다, 할 수 있다'는 자신감 말이에요. 엄마가 개입했다면 아이는 아무것도 경험하지 못했을 겁니다. 실패도, 자신감도, 깨달음도.

마음이 아프더라도 한 걸음 물러서서 응원하세요. 그것이야말로 더 아프지만 더 큰 사랑입니다. 아픈 사랑 속에서 아이는 더욱 대견한 모습으로 커나갈 것입니다.

쿨하게 말해보세요, "괜찮아."

딸 서희가 우유를 엎을 때, 서희가 잠자는 민우를 깨울 때, 샤워하고 나와서 발가벗고 돌아다닐 때, 잠자러 들어갔는데 물 달라 배고프다 칭얼거릴 때, 저는 결국 참았던 화를 터뜨리고 맙니다. '이게 아닌데' 싶을 때는 이미 소리를 빽 지르고 이성을 잃은 직후입니다. 서희는 금세 주눅이 들어 눈치를 봅니다. 그러다가 혼잣말을 하죠. "아이가 그럴 수도 있지" "엄마는 내 마음을 몰라?" "아빠는 이럴 때 엄마처럼 화 안 내는데. 아빠는 친절하게 말하는데" "괜찮아, 닦으면 되지. 괜찮아, 다시 재우면 되지."

아이의 말이 가슴을 찌릅니다. 아이의 말에 저 자신이 한없이 궁색해집니다. 맞는 말입니다. '닦으면 되지. 2분도 안 걸리는데 뭐가 귀찮다고 대뜸 소리부터 지르나. 아이가 그럴 수도 있지. 어른인 나도 가끔 그러는데.' 제 마음 하나 못 다루는 사람이 아이를 키우다니, 그만 자괴감이 들어 눈물을 뚝뚝 흘립니다.

우리는 오히려 모르는 사람들에게 관대합니다. 실수로 물건을 망가뜨리거나 약속 시간에 늦은 상대에게 "괜찮아요, 그럴 수도 있죠. 저도 그러는 걸요"라고 말합니다. 선한 웃음까지 보이면서요. 그러나 같은 집에서 함께 사는 딸, 아들에게는 약속 운운하고 권위를 내세웁니다. 타인에게 보이는 너그러운 자세는 온데간데없습니다.

집 밖에서는 남의 시선을 의식하며 친절한 척, 착한 척합니다. 하지만 집으로 돌아오면 사소한 것부터 아이에게 잔소리를 하고 화를 냅니다. 많은 시간을 보내고 격의 없는 가족일수록 부족한 부분도 많이 보이겠죠. 하지만 과격한 감정을 무절제하게 퍼부을 때마다 우리 아이들은 마음의 상처를 입습니다. 더욱 불행한 것은 그런 엄마 아빠의 감정 처리 방식이나 상황 인식 태도를 아이들이 그대로 보고 배운다는 것입니다.

도저히 '괜찮아'라는 말이 나오지 않는 상황에서도 화내지 않고 아이에게 말하는 방법을 알려드리겠습니다. 이것은 《비폭력 대화》(마셜 B. 로젠버그)에서 배운 것입니다. 이 대화법은 견디기 힘든 상황에서도 인간성을 유지할 수 있는 능력을 키워준다고 합니다. 아이의 실수나 생떼에 습관적이고 자동적으로 혼을 내거나 반격하는 대신 좀더 우아하게 대처할 수 있죠. 물론 가끔은 이런 대화법을 시도해 볼 수 있지만, 습관이 되지 않으면 이 또한 무용지물입니다.

일단 아이의 행동과 말을 있는 그대로 관찰합니다. 엄마가 판단이나 평가를 하지 말고, 원하는 대로 이끌려고 개입하지도 않아야 합니다. 아이의 행동을 보았을 때의 느낌을 말하고, 그 느낌이 내면의 어떤 욕구와 연결되는지 말합니다. 그리고 마지막으로 아이가 해주길 바라는 것을 덧붙이면 됩니다. 예를 들어서 위 4단계 의식의 흐름을 설명해 보겠습니다.

"서희야, 외출복을 입지 않고 하고 싶은 놀이만 계속하면 엄마는 짜증이 나. 왜냐하면 엄마는 약속 시간에 맞춰서 도착하고 싶거든. 놀잇감을 그곳에 두고 다녀와서 다시 놀든지, 지금 바로 옷을 입고 그 장난감 하나만 들고 나가는 건 어때?"라고 말하는 것입니다. 이런 대화법을 연습하다 보면 엄마 자신이 아이에게 원하는 것이 무엇인지를 구체적으로 알 수 있습니다. 아이가 어떻게 하기를 바라는지, 엄마의 기분은 어떤지, 자신의 마음을 더욱 깊이 이해할 수 있습니다. 자신의 기분과 원하는 것을 먼저 알아낸 다음 부드럽고 명확하게 아이에게 부탁하는 것이죠. 폭풍처럼 감정을 퍼붓고 아이와의 관계가 틀어지게 만들었던 폭력적인 대화 방식이 빚어낸 결과와는 사뭇 다르겠지요?

최악이라고 여겨지는 상황마저도 겸허하게 받아들일 수 있습니까? '아니오'라는 답이 나온다면 이렇게 질문해 보세요. '나는 10년이 지나도 이 상황에 대해 고민하고 있을 것인가? 시간이 많이 흐른 후에도 과연 이것이 문제가 될까?' '이렇게 된 이상, 차라리 잘된 점을 찾아볼까? 오히려 이 사태를 긍정적으로도 볼 수 있지 않을까?'라는 질문도 큰 도움이 됩니다. '정말 안 괜찮은 이유가 뭐지? 그렇게 용납할 수 없는 일일까? 그럴 만한 이유나 상황은 없었을까?' 이렇게 분석하다 보면 화를 내는 일도 점차 줄어들 것입니다.

《아이의 속마음》(비키 호플)에서는 아이의 특정 행동에 화가 나거나 못마땅할 때 이런 생각을 해보라고 조언합니다. '아이가 스무 살이 되었을 때, 어떤 어른이면 좋을까?' 아이의 미래를 구체적으로 그려보고, 그 모습과 대비해서 현재 모습을 고칠 필요가 있는지 따져 보라는 것입니다. 혹은 '아이가 지금부터 여든이 될 때까지 꼭 필요하다고 여겨지는 성격이나 삶의 태도는 어떤 것인가? 그것을 길러주기 위해 지금 이 행동을 고칠 필요가 있는가?' 이런 질문을 하다 보면 아이의 습관이나 반복적 행동에 화가 나거나 못마땅한 태도를 줄일 수 있다고 합니다. 아이를 키우면서 지금의 모습에 집착하기보다는 먼 미래를 내다보는 여유로운 태도를 가지는 것이 현명합니다.

엄마의 감정적 대응을 강력하게 제지할 수 있는 방법이 하나 있습니다. '아이가 아프지 않잖아. 아이가 내 곁에서 이렇게 건강하게 살아 있잖아. 감사하지 않아?' 이렇게 생각하는 것입니다. 그리스의 스토아학파 철학자들은 가끔 최악의 상황이나 내게 소중한 것을 잃어버리는 '부정적 상황 설정'을 상상해보라고 합니다. 이런 생각을 하다 보면 현재의 상황에 더욱 감사하게 된다는 것입니다. 놓치고 살았던 참으로 감사한 순간들을 발견하게 된다는 것입니다.

때로는 가벼움이 진지함을 이긴다

아이의 행동을 어디까지 받아주어야 할지 판단이 서지 않을 때는 이런 기준을 세워두는 것도 좋습니다. 푸름이 아빠 최희수 작가님의 책에는 이런 내용이 나옵니다. '다른 사람에게 피해 주는 것이 아니고, 아이의 안전과 건강을 해치는 문제가 아니면 받아주고 인정한다'는 것입니다. 엄마와 교사들은 아이들이 보다 건전한 생활양식을 익히고, 이들을 바른 생활로 인도한다는 명목하에 많은 것을 제지합니다. 아이들도 나름의 가치관과 자유를 지닌 존재인데, 어른들의 기준으로 판단하고 평가합니다. 가끔은 단지 어른들의 편의를 위해 아이들의 욕구를 꺾어버리기도 하지요. 알고 보면 더없이 위험하고 무례한 행동입니다.

다섯 살, 열 살 꼬마 녀석에게 왜 이리 배울 것도 많고 혼날 것도 많은지 가끔은 아이들이 두려울 때가 있습니다. 아이들의 눈을 바라보고 그들이 하는 대로 지켜보세요. 그 안에서 아이들의 새로운 가능성이 드러나기도 합니다. 어른들의 가치관이 변하고 고정관념을 깨뜨리는 경험을 할 수도 있죠. 가끔은 아이의 삶을 대수롭지 않게 바라보세요. 아이들이 그저 하루를 즐기듯이 말입니다. 진지하고 조심스럽게 접근한다고 해서 모든 일이 잘되는 것은 아닙니다. 때로는 아이처럼 재미있고 무모하게 살아보세요. 그 속에서 꽤 의미 있는 삶을 발견하게 될 테니까요.

'괜찮아', '그래, 그것도 좋다', '그래, 안될 게 뭐 있어. 한번 해 봐. 뭔가 멋진 일이 일어날 것 같구나!', '다시 하면 되지 뭐', '그게 그렇게 중요해?', '오히려 잘됐네', '뭐 그런 걸 가지고…… 힘내.' 이런 말들로 짜증나는 순간을 지혜롭게 넘겨보세요. 정말 괜찮아질 거예요. 정말 아무것도 아닌 일일지도 모르죠. 오히려 잘되었다는 확신이 들 거예요. 미운 네 살, 미친 일곱 살의 살벌한 일상사, 10대 사춘기의 충동적 반항, 그 무섭다는 중2의 방황과 도전들도 조금은 가볍게 전해지기를 바랍니다.

마더 테레사 수녀님께서는 '사랑은 가정에서부터 시작된다'고 말씀하셨죠. 우리가 처음으로 사랑과 헌신, 봉사를 실천할 곳은 가정이라고 말이죠. 우리 가족 안에 불쌍한 사람이 있는데도 몰라보고 있을지도 모른다고 했습니다. 아이를 보고 미소 짓고, 아이의 이야기를 들어주고, 아이의 작은 소원을 들어주는 것이 사랑과 자비를 실천하는 길이라는 것입니다.

불우한 이웃을 돕거나 기부를 하거나 자선 단체에서 봉사하지 않더라도 '사랑하는 삶'을 실천할 수 있습니다. 작을수록 실천하기도 쉽고 오래도록 계속할 수 있습니다. 학교든 집이든 이웃이든 아주 가까운 곳에 있는 우리 아이들의 마음을 들여다보고 그들에게 작은 사랑을 실천해 보세요.

기꺼이 응원할 것!

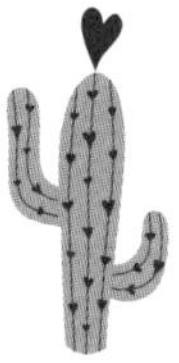

어른의 시선으로 아이를 부드럽게 받아들이기는 정말 쉽지 않습니다. 아이들의 말과 행동을 이해하려고 노력하지만 마음처럼 되지 않는 것입니다. 몇 날 며칠을 고민한 끝에 문득 저 자신을 돌아보았습니다. 다른 사람에게는 한없이 부드럽게 대하면서 정작 소중한 가족에게는 소리 지르고 날 선 비난을 퍼붓는 제 모습을요.

다른 엄마들처럼 집안을 깔끔하게 정리하고, 때에 맞춰 어김없이 영양이 듬뿍 담긴 음식을 차려주는 것은 엄두도 내지 못합니다. 아니, 처음부터 못한다고 생각해 버린 것입니다. 때때로 화를 낼 때 사실은 아이에게 불만이 있는 것이 아니라 스스로가 더욱 못마땅해서 감정이 표출된 것이 아닌가도 싶습니다. 저 자신에 대한 비난이 아이에 대한 비난으로 옮겨 간 것이죠. 저의 부족한 점을 아이에게서 발견하고는 화를 내고 비난했던 것 같습니다. 제 눈에는 아이의 좋은 점보다는 좋지 않은 점만 보였던 것이죠.

아이를 있는 그대로 받아들이기 위해서는 저 자신부터 인정해야겠다는 생각이 들었습니다. '힘들어서, 귀찮아서 미루는 거 알아. 괜찮아. 그래도 돼.' '어떻게 매번 상냥할 수 있겠어? 힘들 때는 가끔 화도 내고, 사과하면 되지. 그러면서 조금씩 바꿔나가는 거야.' '지금도 꽤 괜찮은 엄마야. 좋은 선생님이야.' 우리 자신을 칭찬하고 스스로를 격려할 필요가 있습니다. 자존감이 높을수록 마음도 넓어지니까요.

친구들은 의기소침해하는 제게 이렇게 말해줍니다. "너는 참 좋은 엄마야. 아이랑 그렇게 잘 놀아주는 엄마가 어디 있니? 서희는 행복하겠어." 하지만 저는 이렇게 대답하죠. "아니야, 나는 놀아주고 책 읽어주는 건 진짜 잘하고 재미도 있는데, 문제는 그것만 한다는 거야. 아이들 머리 감은 지 일주일이 넘을 때도 있고, 밥은 하루 두 끼, 설거지는 만날 밀려서 찬장 속 마지막 접시까지 다 꺼내 쓴다고. 결혼하고 그 흔한 멸치볶음 한 번을 안 해 봤어. 우리 아이들은 얼마나 불행해. 나처럼 게으르고 요리 못하고 화만 내는 엄마를 만났으니." 하지만 이제 더 이상 저 자신을 다그치지 않아야겠습니다. 더 관대하게 더 여유롭게 저를 바라봐야겠습니다.

가치 판단을 유보하는 것도 중요하겠습니다. 《생각하는 힘 노자 인문학》(최진석)을 읽다 보면 '세상에 정말 영원한 선과 악이 있을까' 하는 생각이 듭니다. 절대 바뀌지 않는 확고한 진리가 존재하는 걸까? 단단하게 굳어 있던 제 가치관, 판단 기준, 고정관념을 좀더 깊이 생각해 봐야겠습니다. '위험해서 안 된다, 그건 나쁘다, 이게 좋겠다' 등 제 가치관과 기준에 따라 아이 행동을 하나하나 조정하고 제지하고 이끌었던 적이 많았던 것 같습니다. 아이가 하는 것에 종종 불안해했습니다. 너무 자주 영상을 본다든가, 하루 종일 휴대폰만 만지고 있다든가, 불량한 친구들하고 어울리는 것 같습니다. 하지만 이런 불안감 내지는 의무감이 밀려오는 순간 등을 돌리겠습니다. 삶의 굴레를 자꾸 덧씌우는 대신 그것들을 하나씩하나씩 벗어내고 잘라내 보겠습니다.

'문제처럼 보였던 그것들이 과연 문제이긴 한 걸까?' 생각해 보면 큰 문제는 아닌 것도 같습니다. 상황에 대해 판단을 내리려고 하면 좋다 나쁘다로 평가할 수밖에 없습니다. 상황을 그저 바라보고, 있는 그대로 받아들여보세요. 가끔은 아이의 행동과 제안을 무조건 응원하고 지지해 보는 것은 어떨까요? 새로운 도전이라고 생각해 보세요. 그러면 힘들고 못마땅한 것이 아니라 오히려 신날 수 있습니다.

'아이 때나 그럴 수 있지. 어른 되면 하라고 해도 못하지', '어른도 힘든데 아이들은 오죽하겠어.' 이렇게 생각하면 아이의 사랑스러운 모습이 더 많이 보입니다. 순간에 살고, 삶의 매순간을 느끼며 살라는 말이 무슨 뜻인지도 조금은 알 것 같습니다. 뭔가에 몰두하는 아이가 미간에 힘을 주면서 찌푸리는 모습이 얼마나 귀여운지 모릅니다. 아무렇게나 종이를 접는 아이의 통통한 손가락은 깨물어주고 싶을 정도로 앙증맞죠. 아이의 볼, 눈매, 코딱지를 파서 먹는 것까지 사랑스럽습니다. 연애 때 콩깍지가 끼면 상대가 무엇을 하든 좋아 보이죠. 아이를 바라보는 제 눈빛이 딱 그렇지 않나 싶습니다.

박웅현 작가님과 김훈 작가님이 말하는 온몸이 촉수인 삶, 일상이 축복인 삶이 이런 것일까요? 순간의 작은 행복을 야무지게 느끼며 살고 싶습니다. 제 주위에 널려 있는 행복을 알아보고 느끼고 마음에 담으면서 살고 싶어요. 행복은 바라고 기다리는 것이 아니라 발견하는 것입니다.

'아끼면 똥 된다'는 옛말이 생각나요. 나중을 위해 아껴두지 않고 지금 하고 싶은 것을 하며 행복을 누릴 겁니다. 미래의 행복을 위해 오늘을 희생하지 않으려고요. 맛있는 것이 있으면 지금 먹고, 지금 신나게 놀겠습니다. 내일이 없는 것처럼. 이것이 아이에게 보여주는 엄마의 마지막 모습이라는 생각으로 말입니다. 좀 귀찮아도 일어나고, 내키지 않아도 받아줄 겁니다. '인생이 뭐 별거 있겠어?' 조금은 배짱 두둑하게 살아볼 겁니다.

자신에게 주어진 오늘에 감사하고, 지금 여기서 행복하자고 단단히 마음을 먹어도, 때로는 그러한 감정을 느낄 새도 없이 하루가 지나갑니다. 아기가 잠들었을 때, 폭풍 같은 하루가 저물어갈 때 작년 찍은 아이의 사진을 들여다봅니다. 동영상 속에서 아이의 눈빛과 목소리를 다시 보고 듣습니다. '아, 저랬구나. 저렇게 행복했구나. 저렇게 즐거워하고 있었구나!' 새삼 아이가 많이 자란 것을 느낍니다.

그러면 또다시 힘이 솟구칩니다. 불평은 그만하고 지금 이 순간을 재미있게 즐기자고 다짐합니다. '오늘 밤 내가 죽는다고 해도 흐뭇한 미소를 지으며 아이 곁을 떠날 수 있어야겠지. 하루만 더 살게 해달라고 애원하지 않을 만큼 최선을 다해 놀아야지. 아가가 건강하게 내 곁에 있고, 나도 아직까지 살아 있잖아. 그럼 됐어, 괜찮아.'

사랑은 이해를 초월한다

혜민 스님은 "사랑은 이해를 초월한다"고 말씀하셨습니다. 아이가 왜 저러는지 도무지 이해되지 않아도 사랑할 수 있다고 말입니다. "내 마음에 들지 않아도, 내가 동의할 수 없어도, 내가 이해되지 않아도 사랑은 멈추지 않는 것"이라고 했습니다. "강물처럼 심연에서 항상 어느 때고 흐르는 것이 사랑이다." 이렇게 말씀하셨습니다.

아이는 아이의 인생을 살고 있을 뿐입니다. 문제라고 생각하기 때문에 문제가 된 것이지, 상황 자체가 문제인 것은 아닙니다. 그저 일이 그렇게 되었을 뿐이죠. 나 아닌 것을 바꾸려고 하는 마음을 경계하고 멈추겠습니다.

마음먹은 대로 일이 풀리지 않을 때는 며칠 절에 들어가 있고 싶다, 명상 훈련을 받고 싶다는 생각을 한 적이 있습니다. 그러나 가족과 함께 사는 것, 각자의 생각이 너무나 확고한 사람들이 한곳에 모여 사는 것 자체가 수행의 길인 것 같습니다. 비난하지 않고 받아들이자고 결심하지만, 매번 도전하고 실패하고 다시 하고……. 템플스테이, 명상힐링학교를 찾지 않아도, 심리치료나 요가 수업을 듣지 않아도 자식이라는 꼬마 스승님 곁에서 함께 사는 오늘이 수행인 것입니다.

아이의 생각을 무시하지 않고, 아이의 생각에 귀를 기울이고, 설사 엉뚱하고 무모하고 형편없어 보이더라도 받아들이고자 합니다. 오늘도 저의 무모한 도전은 계속됩니다. 아이가 하는 대로 내버려두면, 뜻하지 않게 아이의 놀라운 통찰력, 상상력, 창의력, 도전 정신을 발견하게 됩니다. 아이를 보며 기분 좋은 놀라움을 경험하는 것이야말로 엄마의 행복입니다.

요즘 사람들이 주로 추구하는 미니멀 라이프를 육아에도 적용해 볼까요? 우리 아이에게 꼭 필요한 것, 없어서는 안 될 것들만 챙기고 나머지는 미련 없이 버립니다. 《여행자》에서 니체는 이런 말을 했습니다. "작은 정원, 무화과 열매, 치즈 그리고 좋은 친구 서너 명, 이것이야말로 에피쿠로스의 호사가 아니고 무엇이겠는가." 이 말을 이렇게 바꿔봅니다. "아이를 바라볼 여유 있는 쉼, 잣대 없는 평온한 마음, 살아 있음에 더 없이 감사해지는 낮은 시선, 이것이야말로 축제 같은 일상에 꼭 필요한 것이 아니겠는가?" 욕심을 버릴수록 풍족해진다는 말을 실감합니다.

"지혜의 시작은 행복과 불행의 차이를 줄여 총체적으로 통합하는 것이다"라고 장자가 말했습니다. 아이가 하려는 것이 설령 못마땅하고 기대에 어긋나는 것일지언정 그것을 불행이라 여기지 않고 행복 비슷한 것으로 바꿔 보는 지혜의 눈을 키우고 싶습니다. 그런 눈으로 아이를 바라봅니다. 한창 공부할 나이일지라도 안무 동영상을 찍으며 환호성을 지르며 그런 딸아이를 응원할 겁니다.

사랑하다 죽을 것!

요즘 이유도 없이 배가 아픕니다. 싸르르 하다가 콕콕 쑤시고 꼬일 듯 통증이 밀려듭니다. 화장실을 여러 번 들락거리다 오늘은 급기야 두통까지 일었습니다. 잠깐 누워 있는데 별안간 두려움이 밀려듭니다. 덜컥 겁이 났습니다. '병이 났나?' 제 나이 '서른일곱'. 아직 이른 나이입니다. 개구진 딸아이의 웃음도 떠올랐고, 8개월 된 젖먹이 아들도 떠올랐습니다.

"나 아파서 먼저 죽으면 우리 아이들 예쁘게 잘 키울 거지?"라고 남편에게 묻자 웬 엉뚱한 소리냐는 듯 "뭐래?"라고 대꾸합니다. 사실 정말 두려워서 물어본 것인데 말입니다. 요즘은 몸이 조금만 아파도 덜컥 겁이 납니다. 곧바로 '죽음'을 떠올리면서 말이죠. 무엇 하나

보장된 것이 없더군요. 우리가 언제 영영 이별할지는 아무도 모릅니다. 태어난 순서는 있어도 죽는 순서는 없다고 하듯이 아이보다 제가 먼저 떠날지 누가 알까요. 그런 생각을 하면 아이와의 순간순간이 무엇 하나 대수롭지 않을 것이 없습니다.

몇 달 전 세월호 3주기를 보내고 다시 보게 된 선내 영상과 아이들의 휴대전화 문자 메시지들이 자꾸 마음을 먹먹하게 합니다. 배가 가라앉기 전, 배가 60도 이상 기울어진 상태에서 열여덟 앳된 여고생이 주황색 구명조끼를 입은 채 흐느끼듯 말합니다. "엄마! 정말 미안해. 아빠도 미안하고." 호기롭게 웃어 보이는 한 남학생의 목소리에 떨림은 또렷이 묻어납니다. "나 무섭다 진짜. 이거 어떡하냐? 나 살고 싶다. 씨!"

우리는 누구든 상실을 경험합니다. 사랑하는 아이와의 이별을 어떻게 받아들여야 할까요? 사랑도 미처 다 못했는데 어떻게 이별을 할 수 있죠? 준비되지 않은 갑작스런 헤어짐을 어떻게 감당할 수 있냐 말입니까? 기시미 이치로는 《미움받을 용기2》에서 만남과 헤어짐, 사랑과 죽음에 대해 이렇게 말합니다. "사랑을 시작하게. 그리고 사랑하는 사람과 '최선의 이별'을 하도록 끊임없이 노력하게. 기한 따위는 신경 쓰지 말고. 그리고 '지금, 여기를' 진지하게 살아가게."

2015년 봄날 이어령 선생님께서는 생전의 따님에게 못다 한 이야기를 《딸에게 보내는 굿나잇 키스》로 펴내셨습니다. 평생 가슴에 담아두었던 말들을 풀어내신 겁니다. 몇 장을 넘기면 선생님께서 직접 쓰신 글귀가 나옵니다. '네 생각이 난다. 해일처럼 밀려온다. 그 높은 파도가 잔잔해질 때까지 나는 운다.' 한 글자 한 글자에 눈물이 녹아 있는 것을 느낍니다. 마음이 울컥하고 눈시울이 뜨거워집니다.

이어령 선생님은 딸이 어릴 적 기억을 떠올립니다. 글 쓰는 아빠의 서재에 들어온 딸에게 아빠는 "굿나잇, 민아" 하고 손을 흔들었습니다. 뒤돌아보지 않은 채. 딸은 얼마 동안 머뭇대다 아빠의 뒷모습만 보고 뒤돌아섰습니다. 이제는 자신의 곁에 있지 않은 딸에게 아빠는 말합니다. "만일 지금 나에게 그 30초의 시간이 주어진다면, 너를 어깨만큼 들어 올려 굿나잇 키스를 할 것이다."

아이에게 못해 준 것이 무엇인가요? 늦은 저녁밥을 서둘러 챙기느라 아이가 놀아달라는 말을 들어주지 못했나요? 오늘만 먹겠다고 한 번만 사달라는 피자, 햄버거 못 사주셨나요? 미뤄 버릇했던 놀이도, 하찮은 간식거리조차 선뜻 해주지 못하면 평생 마음의 한으로 남을지 모른답니다. 우리 그냥 아이 눈을 보고 살아요. 아이가 눈빛으로 이야기할 때 놓치지 말고 사랑해 주세요. 우리 곁에 있을 때, 이렇게 아름다울 때 말이에요. '현재를 즐기라'는 뜻의 '카르페 디엠', 이 말에는 속뜻이 있다고 합니다. '오늘을 붙잡게, 내일이라는 말은 최소한만 믿고.'

'사랑한다'는 것은 과정입니다. '나'에게로 집중했던 삶의 시선들을 '우리'로 돌리는 과정. 20대, 30대 오로지 '나'였던 삶에 어느 덧 '아이'가 들어와 '우리'가 되어가는 삶의 여정입니다. 결과물이 아니라 끊임없는 순간의 합이 곧 사랑입니다. 그러나 죽음에 이르면 더 이상 그 관계를 이어나갈 수 없습니다. 더 이상 사랑할 수 없는 것입니다. 그러니 살아 있는 동안 사랑해 주세요. 떠나고 나면 볼 수도, 어루만질 수도 없습니다. 그리고 오늘의 아이 모습은 영원히 볼 수 없습니다. 시간을 되돌릴 수 없으니까요.

이별해야 하는 순간 조금이라도 덜 후회하고 덜 가슴이 아프려면 지금 온힘을 다해 사랑해야 합니다. 마지막 포옹처럼, 마지막 속삭임처럼, 마지막 눈맞춤처럼, 마지막 영화 구경처럼, 마지막 놀이처럼, 마지막 저녁 식사처럼, 마지막 데이트처럼……. 그래야 최선의 이별을 할 수 있을 테니까요.

늘 내일을, 늘 나중을 생각하며 사는 엄마들은 어떨까요. 작은 것 하나에도 아등바등하는 자신을 발견하게 될 것입니다. 조금 늦은 발달에 노심초사하고, 남들보다 낮은 성적에 조바심을 내겠죠. 쉴 틈 없이 아이를 부추기며 가속페달을 밟을 것입니다. 바쁘다는 핑계로 아이와의 약속을 번번이 미루겠죠. 엄마도 힘들다고, 되레 아이들에게 투정 부리고 짜증을 내겠죠. 시간이 영원하다고, 돌이킬 수 있다고 생각하는 걸까요. 딸에게 못다 전한 이어령 선생님의 사랑에 목이 메입니다. 오늘 밤 딸아이를 어깨까지 들어 올려 안아주고, 볼을 따뜻하게 감싸 쥐고 굿나잇 키스를 해줄 겁니다.

아이에게
'마지막 팬'이 되어줄 것

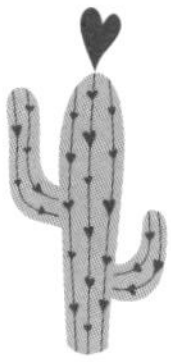

저녁 뉴스에서 충격적인 사건을 접했습니다. 자신의 아파트에서 몰래 아이를 낳고 상자에 담아서 버린 중학생 여자아이에 관한 보도였습니다. 미성년인 아이가 임신했다는 사실을 알게 되면 어느 부모라도 덜컥 겁이 날 것입니다. 아직 어린 아이가 얼마나 힘들어할지 생각하면 부모의 가슴은 미어질 것입니다.

아이는 차마 엄마에게 임신했다고 말하지 못했을 겁니다. 아이에게 살가운 엄마였든 차가운 엄마였든 상관없이 선뜻 털어놓기 힘든 이야기입니다. 더없이 따뜻하게 대해준 엄마라면 미안해서 말을 꺼내지 못하고, 딸에게 관심도 없고 혼만 내는 엄마라면 무서워서 말하지 못했을 겁니다.

임신을 하면 속이 매스껍습니다. 드라마에 종종 등장하는 것처럼 구역질을 하지는 않더라도 속이 쓰리고 울렁거립니다. 임신 중기쯤 되면 눈에 띄게 배가 나옵니다. 아무리 복대를 차고 배에 힘을 주고 다녔다 해도 만삭 즈음에는 걸음걸이라도 이상했을 겁니다. 아이가 임신한 것을 어떻게 몰랐을까요? 그 힘든 시기를 아이 혼자 견뎠을 생각을 하면 가슴이 아픕니다. 결국 부모의 무관심이 아이가 어처구니없는 범죄를 저지르게 한 것은 아닌지 생각해 봅니다.

그 밖에도 친구들의 집단 폭행과 따돌림, 성적 스트레스로 스스로 삶을 마감하는 아이들이 있습니다. 겨우 10년 남짓 살아온 아이가 어떻게 스스로 목숨을 끊을 결단을 내렸을까요? 그 아이들은 단 한 번이라도 살고 싶다는 생각을 하지 않은 것일까요? 죽을 만큼 힘들었을 때 엄마 얼굴이 떠올라서 차마 죽지 못했다면 얼마나 좋았을까요? 자기 때문에 힘들어할 엄마를 떠올렸다면 얼마나 좋았을까요?

우리는 어떠한 상황에서도 아이가 마지막으로 와서 울고 안길 수 있는 곳이 되어야 합니다. '왜 그랬니?'라고 다그치지 않고, 그저 안아줄 수 있는 사람 말입니다. 따뜻하고 넓은 품을 지닌 엄마와 선생님이 있다면 아이는 아무리 힘들어도 스스로 생을 저버리는 결단을 내리지는 않을 겁니다.

성적이 좋거나 성격이 좋은 아이들에게는 팬들이 많습니다. 많은 사람들과 친구들이 박수를 쳐주고 기꺼이 함께하려 합니다. 그러나 아이의 엇나감과 실망스러운 태도에 모두가 지쳐갈 때, 그래서 아무도 아이와 함께하고 싶어 하지 않을 때라도 곁에 남아 기다려주는 한 사람이 있다면 아이는 힘들더라도 그럭저럭 살아갈 것입니다.

마야 안젤루의 《딸에게 보내는 편지》에는 '용기는 이렇게 주는 거구나! 칭찬은 이렇게 하는 거구나! 진심은 꼭 언제든 숨기지 말고 전해야 해'라고 느끼게 해주는 대목이 있습니다. 엄마가 딸에게 이런 이야기를 합니다. "얘, 지금까지 계속 생각해 봤는데 이젠 분명히 알겠구나. 넌 지금까지 내가 만난 여자들 중에서 가장 대단해. 너는 마음씨가 아주 착하면서도 아주 똑똑하잖니. 이 두 가지를 겸비한 사람은 드문데 말이야. 엘리너 루스벨트 여사, 메리 맬리오드 베순 박사 그리고 내 어머니. 그래, 넌 그런 사람이야." 딸은 어머니의 말을 곰곰이 생각해 보았습니다. '어쩌면 어머니 말씀이 맞을지도 몰라. 어머니는 아주 현명한 분이시니까. 또 거짓말을 해야 할 만큼 누군가를 무서워해본 적도 없다고 했잖아. 내가 진짜 대단한 사람이 되면 어떨까? 생각해 보자.'

그때 마야 안젤루는 담배를 피우고 술을 마시고 욕을 하는 나쁜 습관을 고쳐야겠다고 결심했다고 합니다. '생각해봐, 내가 진짜 대단한 사람이 될지도 모르잖아. 언젠가는 말이지'라고 생각하면서 말이죠.

아이가 힘들어 주저앉고 싶어 할 때 마지막 희망을 놓지 않고 다시 일어서게 하는 힘은 이런 진심에 있다고 생각합니다. 진정 너를 응원하고 있다는 마음을 전해 준다면 아이는 자신을 위해 기꺼이 힘을 낼 것입니다.

마더 데레사 수녀님이 한때 오스트레일리아 원주민 거주 지역을 방문한 적이 있습니다. 가난한 노인 집에 들어섰는데 이보다 더 비참할 수는 없었다고 합니다. 무척이나 지저분한 집을 바라보며 청소와 빨래, 침구 정리를 해주겠다고 했습니다. 하지만 노인은 극구 사양했습니다. 수녀님은 그렇게 하면 훨씬 나아질 거라고 다시 설득했습니다. 노인은 마침내 허락했습니다. 수녀님은 설거지를 하고 청소를 하다가 뽀얀 먼지로 뒤덮인 아름다운 등잔 하나를 발견했습니다. 아무도 자신을 보러 오지 않으니 불을 켤 필요가 없다는 그 노인에게 수녀님은 조용히 물었습니다. "우리 수녀들이 매일 방문한다면 이 등잔에 불을 켜시겠습니까?" 노인이 말했습니다. "물론이지요." 그날 이후로 수녀들은 매일 노인의 집을 방문했고, 노인은 매일 밤 등잔불을 밝혔습니다.

진정으로 남을 돕는다는 것은 이런 것입니다. 사람을 살리고, 힘을 내게 하는 것입니다. 한순간의 동정이나 눈물 몇 방울이 아닐 것입니다. 몇 번 도와주다 떠나버리는 것도 아닙니다. 그의 마음을 들여다보고, 외로움과 공허함과 슬픔을 어루만져 주는 것이 아닐까요. 그 사람은 어느 누구에게도 환영받지 못하는 자신을 일으켜 세울 수 있을 것입니다.

그저 따뜻이 꼭 안아줄 수 있는 사람

때때로 엄마와 어른들의 시선이 너무 높은 곳을 향해 있기에 아이의 마음을 들여다보지 못하는 것 같습니다. 기대가 너무 커서 아이들을 있는 그대로 보지 못하는 것입니다. 아이의 행동에 대해 잘잘못을 가리고, 아이를 못 미더워하며 끊임없이 확인하고 간섭합니다.

모두가 실망하고 모두가 비난할 때, 아이도 자신이 너무 실망스럽고 미울 겁니다. 누가 뭐라고 하지 않아도 자신의 실수나 잘못은 누구보다 자신이 잘 알고 있습니다. 그렇잖아도 힘든데 굳이 들춰낸다면 아이는 더욱 힘들 것입니다. 급기야 화가 날 것입니다. 그러나 어떤 잘못이나 실수를 했더라도 자신을 믿는다는 한 사람의 말, 마지막 팬, 지지자가 있는 아이는 결국 힘을 낼 것입니다. 모두가 손가락질 할 때, 저를 위해서라도 등불을 켜달라고 하는 사람이 있다면 희망을 가질 것입니다.

아이의 외침에 귀 닫지 않고 어린 몸을 안아주고 손을 잡아주려고 합니다. 그런데도 아이는 번번이 실망을 안겨줄지도 모릅니다. 다시 망가지고 돌아오기를 반복하겠죠. 그럼에도 불구하고 가엾은 아이를 믿어주는 마지막 사람이 되고 싶습니다.

뉴스에 등장하는 충격적인 이야기 못지않게 우리 주변에는 힘들어하는 아이들이 너무나 많습니다. 우리가 미처 모르고 있을 뿐이죠. 자해를 하고 방문을 걸어 잠그고 집을 나가버리면, 그때서야 '우리 아이가 그렇게 힘들었나' 하는 생각이 듭니다. 더 늦기 전에, 아이가 너무 많이 상처받기 전에 따뜻하게 사랑을 전해야겠습니다. 가끔은 아이에게 마음을 담은 편지로 낯 뜨겁고 부끄러운 응원을 보내보세요. 처음에는 별것 아니라는 듯 편지를 읽지도 않을 것입니다. 하지만 엄마와 선생님이 보지 않을 때 그 편지를 보고 또 볼 것입니다. 자신의 마음을 알아주는 엄마의 글귀에 눈물을 훔칠지도 모릅니다. 반항기 가득한 사춘기 딸과 아들도 말이죠.

엄마가 건넨 격려의 말 한마디로 타락한 삶을 청산할 수 있었다는 마야 안젤루의 이야기를 읽는 순간, 아이들에게 해줄 수 있는 일이 무엇인지를 알게 되었습니다. 특히 엄마 아빠에게 상처받은 그 아이들은 믿을 곳이 없습니다. 친구에게 따돌림받은 아이들은 의지할 곳이 없습니다. 이 아이들은 매순간 흔들리고 매번 사람을 속이고 사람에게 속은 듯 살아갑니다. 아이들은 세상 모든 것이 싫다고 합니다. 아무도 믿을 수 없다고요. 이 아이들이 이런 의심을 해볼 수 있다면 어떨까요? '내 생각이 틀렸을지도 몰라. 그래도 한 번쯤은 속는 셈 치고 달라져볼까?' 그런 아이들이 세상과 사람들에게 마음을 열어보일 수 있게 하는 일, 저는 그 일을 해보려고 합니다.

내일 다시 잘하면 돼요

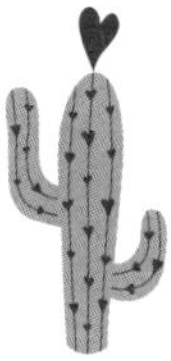

컴퓨터나 휴대폰이 작동되지 않을 때, 어떤 방법으로도 정상 작동이 되지 않을 때 우리는 어떻게 하나요? 수많은 사진들과 자료들, 연락처를 생각하면 망설여지지만, 결국 마지막에는 리셋(reset) 버튼을 누릅니다.

저는 가끔씩, 사실은 자주 리셋 버튼을 누릅니다. 육아서와 교육서를 읽고 나면 이렇게 결심합니다. '그래, 아이를 온전히 받아줘야지.' '내가 아이들 마음을 못 읽어주었구나. 눈에 보이는 행동에만 집착한 것 같아. 있는 그대로 아이를 받아주자.' 하지만 금세 돌아서면 감정을 주체하지 못하고 소리를 지릅니다. 지우고 되돌리고 싶은 순간들이 있을 때마다 주저하지 않고 '다시 시작!'을 외칩니다. '그래, 이

게임 다시 시작하자.'

처음부터 완벽하게 잘하는 사람이 어디 있겠어요. 에디슨도 필라멘트를 만들기 위해 자그마치 6천 가지의 서로 다른 소재를 시험해보며 수만 번의 실험을 했습니다. 말하자면 수만 번의 실패를 경험한 것입니다. 실패하고 실패하고, 또 실패하고, 거듭 실패하고…….

주말이면 여행 다니고 술 마시는 것을 즐겼던 제가 아이 낳자마자 무조건적인 사랑을 베풀고, 학교에서 상처 입은 아이들 마음을 어루만져 주고 함께 마음 아파한다는 것을 상상할 수 있었을까요. 몇 번 해보고 안 되면 포기하고 물러서려고 했습니다. 하지만 제가 낳은 아이 둘과 학교에서 만나는 수많은 아름다운 영혼들을 두고 어떻게 뒤돌아설 수 있겠습니까?

육아나 교육은 프로젝트도 아니고 업무 성과를 내는 일도 아닙니다. 온전히 살아 숨 쉬는 귀한 존재들을 대하기가 너무나 벅찼습니다. 엄마라는 자리도, 교사라는 이름도. 그러나 피할 수 없고, 이 또한 제게 주어진 역할이라면 기꺼이 해내겠다고 생각했습니다. 비록 매일 실패하고 좌절하지만요. 수도 없이 실수하고 사랑에 실패하는 저를 용서하기로 했습니다. '완벽한 것은 없다'는 말에 위로를 받으면서요.

사랑도 결국 훈련이었습니다. 모난 부분들이 다듬어지는 것과 같았습니다. '사랑하자'는 다짐만으로는 사랑할 수 있는 것이 아니었습니다. 휴대폰 화면에 '사랑이 전부'라고 적어놓는 것만으로 아이를 단번에 사랑하게 되지는 않습니다. 아이의 반항과 모욕적인 행동을 마주하고, 감정을 부딪히고 신경전을 보이다가 기어이 상처받고 아파하다 보면 사랑하는 마음이 생깁니다.

잘해 보자는 다짐이 무색할 만큼 냉정하게 저를 굴복시키고 마는 아이들을 해마다 만났습니다. 육아 휴직을 하고 아이를 돌보면서 남편이 퇴근할 시간만 세고 있는 저를 발견하기도 했습니다. 시계를 쳐다보며 '2시간만 보면 돼. 1시간만 참자' 이렇게 되뇌었죠. '아이는 원래 내 말을 듣는 것이 아니야. 타고난 심성대로 자라는 거지' 이런 생각을 하면서도 '정말 말 안 듣는다. 미치겠네'라는 소리가 튀어나왔습니다.

하지만 그래도 '다시'를 외쳤습니다. 그런 연습과 훈련의 시간들이 '사랑을 실천하는 관문'으로 한 걸음씩 이끌어준 것 같습니다. 아이에게 소리를 지르고 분노를 퍼붓던 자신을 용서해 주세요. 사람이면 누구나 그럴 수도 있죠. 시간이 지날수록 점점 줄어들고 점점 보드라워질 겁니다. 아직 천만 번도 노력하지 않았잖아요.

제 마음이 망가질 때마다 힘이 되어준 것은 남편입니다. 무릎이 까이고 피가 나고 울부짖는 제게 남편은 말합니다. "괜찮아. 잘하고 있어." 끝없는 격려가 저를 일으켜 세웁니다. 사랑은 달콤한 것도 낭만적인 것도 결코 아닙니다. 그렇기에 사랑할 힘이 필요했습니다. 달콤한 육아는 없지요. 늘 사랑스럽고 좋아 죽는 일상도 없습니다. 통증 없이 아이를 낳은 엄마가 없듯이, 고생하지 않고 아이를 키운 엄마는 세상 어디에도 없습니다. 힘들고 잘못해도 너무 자책하지 마세요.

아이를 사랑하는 힘이 충전될 수 있도록 스스로를 보듬는 기회를 주세요. 아이가 상처받지 않을 것을 신경 쓰면서도 우리 자신 또한 상처받지 않도록 챙기는 것이 중요합니다. 마음에 없는 사랑을 내어줄 수 없는 것이니까요. 내 안에서 감사와 사랑이 가득 차고 넘쳐흘러야 타인에게 전해지는 것입니다. 나의 부족함을 받아들이니 아이의 부족함도 받아들일 여유가 생깁니다.

어른들이 종종 하시는 말씀이 있죠. '아이를 키워봐야 어른이 된다.' 그 뻔한 말이 가슴으로 파고듭니다. 아이를 사랑하고 싶을수록 저 자신을 더욱 사랑하려고 노력합니다. 제 안에 있는 부드러운 사랑이 아이에게 서서히 물들어 가도록 말입니다.

삶의 얼룩을 지우고 사랑을 씌우는 기술

저는 여전히 노력 중입니다.

꽤 아이를 사랑하는 듯 말하지만 사실은 그렇지 않았습니다. '모성애가 이렇게 없을 수도 있나?' 싶을 정도로 냉정하게 아이를 대한 적도 많습니다. '내가 교사가 될 자격이 있나?' 싶을 정도로 안일하고 소명 없이 살았습니다.

책을 쓰기 위해 가끔 저녁에 카페로 외출을 합니다. 그러면 딸아이가 저를 붙잡고 말합니다. "엄마, 나랑 한 번만 더 놀아주고 가. 그럼 안 돼?" 하지만 자꾸 늦어지는 초고 작업에 초조해진 저는 딸의 팔을 뿌리치고 뛰어나가듯 현관문을 나옵니다. 몇 걸음 내걷다 보니 문득 이런 생각이 듭니다. '이 길로 내가 죽으면 어쩌지?' 그러면 딸아이가 기억하는 엄마의 마지막 모습은 일한다고 허겁지겁 가방 메고 나가는 뒷모습일 겁니다. 결국 저는 돌아서서 집으로 들어갑니다. "서희야, 도미노 한 판 더하자, 빨리!"

눈물 자국이 채 지워지지도 않는 서희 얼굴에 웃음이 가득 번집니다. 함께 놀아주고, 아이 얼굴을 두 손으로 감싸 쥐고, 아이의 한 숨결 한 숨결을 느끼면서 뽀뽀했습니다. 아이 이마, 눈두덩, 따뜻한 숨이 나오는 콧구멍 양쪽까지. 다시 신발을 신고 나오는데, 인사하는 남편을 뒤로하고 눈물이 흐릅니다. '이렇게 사는 건데…….'

남편에게 아이를 맡기고 카페에서 책을 읽으며 저만의 시간을 누리고 싶었던 제가 조금씩 바뀌었습니다. '사랑해 예쁜 내 딸.' 수도 없이 사랑한다 말하고 뽀뽀하고 만지고 쓰다듬다 보니 정말 사랑이 생겼습니다. '저 녀석만 아니면 학교 다닐 만하겠는데……' 싶었던 형편없던 교사 시절도 있었습니다. 저를 스쳐 간 아이들에게 용서를 구합니다. 그리고 기도합니다. '앞으로 만나게 될 귀한 아이들을 겸허하게 사랑할 수 있게 해주세요.' 우리 아이들을 더욱 사랑하려고 합니다. 그 마음으로 아이들을 만나겠습니다.

가끔씩 눈물나게 행복하고 가슴이 떨릴 때가 있습니다. 딸아이와 마주 보고 누워서 웃고 수다 떠는 시간들이 고맙게 느껴집니다. 그것이 제 삶의 첫 목표이자 마지막 목표임을 잊지 않겠습니다. 아이들과의 사랑을 막는 것이라면 망설이지 않고 기꺼이 포기하려 합니다. 그것이 돈이 됐든, 세간의 이목, 성공이 됐든, 아이와의 달콤한 시간과 양자택일을 해야 한다면 흔들림 없이 후자를 선택할 것입니다. 독일 출신 할리우드 배우 마를렌 디트리히는 이런 말을 했습니다. "매일이 일요일인 것처럼." 오늘 힘겨웠다면 내일은 오늘보다 좀더 기적 같고 마법 같고 축제 같기를 희망해 봅니다.

아이를 키우면 수도 없이 실험대에 놓여지는 기분을 느낍니다. 제 치부가 낱낱이 드러나는 듯해 아이들과 저 자신에게 울분을 터뜨리고 눈물을 흘립니다. 왜 저를 소리치게 만들고, 미친 사람처럼 돌변하게 만들었냐고 고래고래 소리칩니다.

누구는 이것이 어른의 몸에 아이가 사는 것이라고 합니다. 상처받은 아이의 내면이 순간순간 튀어나왔습니다. 엄마 되는 것은 아픔을 겪으면서 단단해져 가는 과정인가 봅니다. 우리 아이가 저를 엄마로 키워주는 것입니다. 알랭 드 보통은《낭만적 연애와 그 후의 일상》에서 이렇게 말했습니다.

"아이들은 결국 나이가 몇 배나 많은 사람들에게 예상치 못한 선생이 되어-그들의 철저한 의존성, 자기중심주의, 연약함을 통해- 완전히 다른 종류의 사랑에 대한 수준 높은 교육을 제공한다."

아이의 혹독한 교육을 통해 저는 더욱 단단한 엄마가 되겠습니다.

'서희야, 좋은 엄마가 될게. 그리고 그 사랑과 단련된 마음을 학교의 언니 오빠들에게도 나눠 줄게. 엄마는 그런 선생님이 될 거야. 사랑한다, 내 딸. 매일매일 사랑하며 살자. 네 눈, 네 볼, 네 발가락을 사랑해. 네가 하는 말, 나를 쓰다듬어주는 너의 손길, 나를 키우는 너의 말들도 사랑해. 미안해. 고마워.'

완성된 삶이란 없습니다. 끊임없이 진행 중인 것이 사랑입니다. 아이들과 부대끼며 하루하루를 살아가는 동안 엄마도 조금씩 성장합니다. 어느 딸아이가 아빠에게 이렇게 물었습니다. "아빠는 나 키우느라 힘들지 않았어?" 그러자 그 아빠가 대답합니다. "가만히 두고 보면 혼자 말하고 저절로 걷고 어느새 자라나고 변하는 살아 있는 인형이 옆에 있는데 행복했지. 힘들긴 뭐가 힘들어." 박웅현 작가님의 이야기입니다. 저도 그처럼 근사하게 말할 수 있는 엄마가 되고 싶습니다.

오늘 아이에게 못했으면, 내일 다시 잘하면 되죠, 뭐.

에필로그

'오늘도 무사히!' 아이들이 나를 살린다

아이들은 선생님인 저를 참 많이 좋아해 줍니다. 놀이를 많이 할 수 있고 재미있게 해주신다고 하면서요. 그런데 아이들이 규칙을 지키지 않거나 여러 번 소통해도 변화가 없을 때 저도 모르게 버럭 소리를 지르는 경우가 있습니다. 그때마다 몇몇 아이들은 깜짝 놀라기도 합니다. 그러면 다음 순간 스스로 부끄러움을 느끼기도 했습니다. 욱할 때도 있지만 조금이라도 줄여보고자 노력했습니다.

어떤 때는 뜻하지 않은 오해를 받아 억울해할 때도 있습니다. 수업 중 텔레비전 모니터에서 같은 반 친구들이 깜짝 등장하면 얼마나 재미있을까요? 반 아이들을 기쁘게 해주고 싶다는 생각에 마침 반에 있는 몇 명을 데리고 동영상 촬영을 하기 위해 옆 교실로 가서 수업 콘텐츠를 만들었습니다. 그런데 여기에 빠진 아이가 그것을 보고 소외감을 느꼈던 것 같습니다. 그 아이를 일부러 빼놓은 건 아니었는데, 아이는 무슨 일인지 말해주지 않아 서운했던 모양입니다. 이 일로 아이 어머니는 제가 아이들을 차별대우한다고 오해하시기도 했지요.

또 이런 일도 있었습니다. 스승의 날에 커다란 꽃다발이 교실에 도착했습니다. 배달 기사님은 꽃만 놓고 바로 나가셨고, 이름이 적힌 카드를 보고 아이 아버지께 전화를 드렸더니 감사의 마음이니 받아주면 좋겠다고 했습니다. 극구 사양했지만 이미 도착한 꽃다발을 되돌려드리기는 어려웠습니다. 아이 어머니께서는 제게 학기 초에 립스틱도 선물해주셨습니다. 그렇게 립스틱과 스승의 날 꽃다발을 엉겁결에 받아버린 것이죠. 그런 저를 보고 부모님들은 이렇게 느끼셨더라고요. '아이 선생님은 뭘 자꾸 바라시는 것 같아요.'

이런 일들 때문에 몇 번의 학부모 민원과 교감 선생님의 충고 어린 면담을 해야 했습니다. 저로서는 억울한 생각이 들었지만, 해명을 하면 오히려 오해만 낳을 뿐이라고 생각했습니다. 그 이후 저는 '적당주의' 교사가 되었습니다. 아무것도 하지 않고 '오늘도 무사히만 보내자'라고 생각했습니다. 수업을 재미있게 하려고 노력하기보다 적당히 가르치자는 조금은 비겁한 생각을 하게 됐습니다.

아이들과 시장 체험을 가려다가도 이런 생각이 불쑥 드는 것입니다. '그러다 아이가 길을 잃거나 학교에서 돈을 보내라고 했다고 한

소리 들으면 어떡해? 관두자.'

시험 스트레스가 오죽할까 싶어 떡볶이 파티라도 할까 싶지만 이런 소리가 들리는 것 같습니다. '학원 다닐 시간도 빠듯한데 우리 선생님은 아이들에게 준비물을 너무 많이 요구하는 것 아니야? 이번에는 가래떡까지 사 오라고?' 무언가를 하기도 전에 두려움과 걱정이 앞섰습니다. 점점 자신감이 없어지면서 '교사라는 직업이 나에게 맞나?' 하는 생각마저 하게 되었습니다. 하지만 이럴 때마다 저를 붙들어준 것이 아이들입니다.

"선생님, 저는 선생님이 제일 좋아요. 사랑해요. 다음 학년에도 선생님과 같이 지내면 얼마나 좋을까요?"

사랑 고백을 퍼붓는 아이들의 쪽지 편지를 읽고 또 읽었습니다. 아이들은 하교 시간이 한참 지났는데도 교탁 주변을 맴돌면서 애교 섞인 농담들을 했습니다. 그런 아이들이 너무나 고마웠습니다.

또, 선생님 덕분에 우리 아이가 밝아졌고 학교가 너무 좋고 재미있다고 말한다며 연신 고개를 숙이며 고맙다고 하시는 어머니들도 제게 기운을 줍니다. 비록 인사치레라 하더라도 부모들이 보내주신 편지와 한마디 말이 기운 잃은 저를 일으켜 세웠습니다.

'그래, 나를 좋아하는 수많은 아이들이 있고, 나의 작은 도전도 감사하게 받아주시는 어머니들이 계시니 힘내자!'

이제 저는 부족한 점을 다듬고 보완해 가면서 조금씩 앞을 향해 나가고 있습니다. 지금의 저를 키워낸 것은 아이들이 전해준 사랑의 표현과 부모님께서 보내 주신 격려입니다. 덕분에 저는 가슴 따뜻한 사랑으로 아이들을 가르치는 교사가 될 수 있었습니다. 그분들에게 이 책을 통해 감사의 마음을 전합니다.

'놀자, 사랑하자, 함께 배우자.' 제가 교실에서 실천하고 있는 교육관입니다. 성적에 매달리지 않아도, 학습 진도에 급급하지 않아도, 친구와 경쟁하지 않아도, 연필로 옮겨 적고 달달 외우지 않아도, 충분히 배우고 깨달을 수 있도록 가르치겠습니다. 나가서 뛰고 놀고, 친구를 도와주고, 함께 뭔가를 해내는 것이 더 가치 있는 일이라는 것을 아이들이게 알려주겠습니다.

'우리 선생님은 아이들을 사랑하셔. 아이를 위하는 마음이 큰 분이야. 진심이 느껴져. 너무너무 감사해'라는 마음을 부모님들이 가질 수 있도록 노력할 것입니다. 아이들이 '선생님은 우리 속마음을 다 아셔. 정말 우리를 아끼시나 봐'라고 느낄 수 있도록 관심을 기울일 겁니다. 그러기 위해 저는 오늘도 아이들 눈을 보고, 아이들 마음을 읽어내고자 애쓰고 있습니다. 그런 제 경험이 여러분에게도 도움이 되리라 생각합니다.

이 책에는 '마음껏 놀 권리, 마음대로 뭐든 해 볼 자유, 스스로 덤벼 볼 혼자만의 시간'을 아이에게 줘야 한다는 메시지를 담았습니다. 이 책을 통해 더 많은 엄마들이 자녀와 친구처럼 놀고 사랑하는 마음을 품을 수 있기를 꿈꿔 봅니다. 아이들과 지금 행복해지세요. 아이들이 웃음소리를 낼 수 있도록.

북큐레이션 • 내 아이를 주도적이고 자존감 높은 사람으로 키우고 싶은 부모들이 『엄마만 모르는 선생님이 알려주는 내 아이의 학교생활』과 함께 읽으면 좋은 책!

우리 아이 30일 자존감 노트

조은혜 지음 | 12,000원

**어머님, 지금 올려줘야 할 것은
성적이 아니라 자존감입니다!**

현직 교사인 저자가 실제 교육 현장에서 아이들을 관찰하고 학부모와 면담하며 발견한 '자존감 습관'을 담아낸 책이다. 생생하고 풍부한 현장 경험을 바탕으로 상황별, 아이 유형별, 학년별로 어떤 습관이 필요한지 친절하게 안내해준다. 또 학교에서 아이들과 겪은 에피소드를 중심으로 설명함으로써 부모들은 마치 상담을 받는 듯한 기분으로 편안하게 읽을 수 있다.
이 책을 통해 자신의 소중한 가치를 아는 아이, 스스로의 능력을 믿고 노력하는 아이, 어떤 상황에서도 흔들리지 않는 단단한 아이로 키우는 방법을 배워보자.

엄마 자격증

진이주 지음 | 13,800원

**공감 대화법부터 칭찬법, 문제행동 대처법까지
현실 육아 지침 28!**

'어떻게 하면 내 아이에게 더 나은 엄마가 될 수 있을까?' 육아가 서툰 초보 엄마들을 위해 내 아이를 주도적이고 자존감 높은 사람으로 키우는 법을 알려주는 책!
부모가 되는 데 자격증이 필요하다고 하면 의아해할 수 있으나 유대인들은 아이를 낳기 전 부모가 되는 공부를 한다. 부모로서 올바른 가치관, 부모의 역할이 무엇인지 미리 학습하는 것이다.
이 책은 육아가 서툰 엄마들에게 20여 년간 가족 상담 전문가로 활동해온 저자가 아이와 마음으로 대화 나누는 법, 관계를 좋게 만드는 칭찬법, 문제 행동 대처법까지 현실적인 육아 지침을 이야기한다.